AF609203

ESSAI

SUR

LA RÉGÉNÉRATION

PHYSIQUE, MORALE ET POLITIQUE

DES JUIFS.

ESSAI
SUR
LA RÉGÉNÉRATION
PHYSIQUE, MORALE ET POLITIQUE
DES JUIFS;

Ouvrage couronné par la Société royale des Sciences et des Arts de Metz, le 23 Août 1788,

Par M. Grégoire, Curé du Diocese de Metz, actuellement de la même Société.

Dedisti nos tanquam oves escarum, et in gentibus dispersisti nos. Psal. 43.

A METZ,
DE L'IMPRIMERIE DE CLAUDE LAMORT.
Se trouve
Chez DEVILLY, Libraire, rue Fournirue.
A PARIS, Chez BELIN, Libraire, rue Saint-Jacques.
A STRASBOURG, à la Librairie Académique.
Avec Privilege. 1789.

TABLE.

Fin de la Table.

OUVRAGES

Qui se trouvent chez les mêmes Libraires.

Recherches Philosophiques sur l'Origine de la Pitié et divers autres sujets de moral, par M. le Baron DE BOCK, in-12, broché, 1 liv. 16 s.

La Vie de Frédéric, Baron de Trenck, avec figure, par le même Auteur, 2 volumes in-12, troisieme édition, 3 liv. 12 s.

OEuvres diverses *, tome premier, contenant 1°. un Essai sur l'histoire du Sabéisme, auquel on a joint le Catéchisme de la religion des Druses; 2°. un Mémoire historique sur le peuple Nomade, appellé en France *Bohémien*, et en Allemagne *Zigeuner*, avec une planche de caracteres inconnus, par le même, 2 liv. 10 s.

OEuvres diverses, tome second, contenant les Apparitions, le Voyageur, le Tribunal secret, &c. par le même Auteur, 2 liv. 10 s.

OEuvres diverses contenant l'Histoire de la Guerre de sept ans, par M. d'Archenholtz, traduite de l'allemand par M. le Baron de Bock, deux volumes in-12, avec figures, 1789, 3 liv. 12 s.

Aventures comiques et plaisantes d'Antoine Varnish, traduit de l'Anglois, 4 vol. in-18, figures, 6 liv.

Opuscules du Chevalier d'Anceny, ou Anecdotes en vers recueillies et publiées, par M. d'A*** in-18, 1 liv. 16 s.

* Le second et troisieme volumes des Œuvres diverses se vendent aussi séparément.

ESSAI
SUR LA RÉGÉNÉRATION PHYSIQUE, MORALE ET POLITIQUE DES JUIFS.

CHAPITRE PREMIER.

Considérations générales sur l'état du Peuple Juif, depuis sa dispersion jusqu'à nos jours.

Depuis Vespasien, l'histoire des Juifs n'offre que des scenes de douleur & des tragédies sanglantes : onze cent mille périrent au siege de Jérusalem ; deux cent trente-sept mille autres étoient morts tant à la défense de Jopata, qu'en bataillant dans les plaines de la Palestine ; & cette contrée, jadis florissante, dévastée par le démon de la guerre, étoit une solitude couverte de cadavres & de décombres. Ce Peuple malheureux vit alors son temple brûlé, ses villes rasées, sa capitale en cendres, & son corps politique dissous. Devenu le jouet de la fortune & le rebut de la terre, toujours hâletant entre les poignards & la mort, il crut ſans doute que la meſure de ſes maux étoit comblée; il ſe trompoit : un Empereur Romain ſut encore enchérir ſur les cruautés précédentes. Le fer, le feu, la faim firent périr près de quatre millions de Juifs ſous le regne d'Adrien, y compris cinq cent quatre-vingt mille égorgés dans la révolte de Barchochebas (1), & l'on ravit à ceux qui échapperent en petit nombre, la conſolation de contempler, même de loin, les ruines de Jéruſalem foulée ſous les pieds des Gentils. Auparavant, on les voyoit, couverts de haillons, parcourir en ſanglotant la montagne des Oliviers & les débris du temple ; ils furent réduits (2) à économiſer ſur leur miſere, pour payer cette grace à l'avarice des Soldats. A ce prix, ils obtinrent la faveur ſignalée d'y venir pleurer le jour anniverſaire du ſac de leur Cité ; & les Juifs achetoient le droit de répandre des larmes dans les lieux où ils avoient acheté & répandu le ſang de Jeſus Chriſt.

Pour aggraver leur déſaſtre, on les força de quitter à jamais une patrie à laquelle ils étoient attachés par tant de liens, & que des motifs ſi puiſſans rendoient chere à leurs cœurs. En s'arrachant des lieux qui les ont vu naître, vers leſquels

(1) Toutes les notes ſont après le texte.

ſans ceſſe ils tournent les yeux, mais qu'ils ne reverront plus, ils ſe traînent dans tous les coins du globe pour y mendier des aſyles. Ils vont en tremblant baiſer les pieds des nations, qui les levent pour les écraſer, & chez leſquelles ils n'échappent aux tourmens qu'à la faveur du mépris : leurs ſoupirs même ſont traités comme des cris de rebellion ; & la fureur populaire, qui s'allume comme un incendie, parcourt les provinces en les maſſacrant. On craint de ſe rappeller les horribles boucheries d'Alexandrie & de Céſarée, où les intervalles du carnage n'étoient que le temps néceſſaire au délaſſement des bourreaux.

Au milieu de ces horreurs, l'autorité ſouveraine tourna quelquefois vers eux des regards pacifiques ; & les Juifs, plus ou moins vexés ſous les Princes payens, eurent ſouvent à ſe louer de la bonne volonté des Empereurs chrétiens, juſqu'à Théodoſe II. Honorius leur avoit même accordé la liberté de conſcience ; mais ſon édit, & pluſieurs autres inſérés dans le code Théodoſien, en défendant de maltraiter les Juifs, prouvent par-là même qu'on les maltraitoit. Leurs privileges n'étoient que des conceſſions momentanées, qui leur donnoient ſeulement le droit de n'être pas réputés bêtes de ſomme. D'ailleurs la foibleſſe de l'Empire romain, écraſé ſous ſa propre maſſe, avoit énervé les loix ; & la haine populaire, que n'éteignent pas des ordonnances, n'étant pas réprimée par la force, ne cessoit de renouveller des fureurs, qui furent même permises authentiquement par des législateurs.

Si jamais Peuple descendant du nord vint mériter dans le midi le surnom de barbare, ce sont les Wisigots. Lecteur sensible, ouvrez leur code (3), & vous y trouverez écrit en caracteres de sang, ce que des ames féroces ont dicté contre un Peuple qu'on y appelle secte *détestable*, parce qu'elle étoit détestée, & qu'on ravale au rang, j'ai presque dit au-dessous des animaux.

Les effets de la haine étoient ralentis, lorsque les nations étoient occupées de leurs propres désastres ; le Peuple Hébreu n'avoit gueres alors que les malheurs communs à supporter : c'étoient ses momens de paix ; mais la rage de ses ennemis, assoupie quelque temps, se réveilla lors des expéditions dans la terre sainte, & la population Juive parut ne s'être accrue, que pour fournir de nouvelles victimes. A Rouen, on les égorgea sans distinction d'âge ni de sexe (4) ; à Strasbourg, on en brûla quinze cents ; treize cents à Mayence (5), & le feu se communiquant à la Ville, faillit la réduire en cendres. A Trêves, à Yorck, les Juifs enfoncerent eux-mêmes le coûteau dans le ſein de leurs femmes, de leurs enfans, diſant qu'ils aimoient mieux les envoyer dans le ſein d'Abraham, que les livrer aux Chrétiens ; & ne pouvant fuir nulle part, ſans rencontrer la mort, ils prenoient le parti de ſe la donner eux-mêmes, pour ſe dérober aux tourmens qu'on leur préparoit. Douze mille, au rapport d'Aventin, furent égorgés en Baviere (6). Toute l'Europe, l'Allemagne ſur-tout, devint un théâtre de cruauté : en un mot les guerres d'Outremer, que tant de gens jugent ſur parole, parce qu'ils ſont incapables d'en juger autrement, ſont conſignées dans l'hiſtoire juive, comme l'époque la plus déſaſtreuſe depuis la ruine de Jéruſalem. Saint Bernard, après avoir prêché la croiſade, s'empreſſa de prêcher contre la cruauté des croiſés ; & non content d'écrire des lettres pathétiques (7), il courut en Allemagne, & protégea efficacement les Juifs par l'aſcendant que lui donnoient ſa réputation, ſon ſavoir & ſes vertus.

Souvent on accuſe le Clergé d'être intolérant : rien de plus facile à dire ; & tant de gens ſont ravis de le répéter, ſans avoir de notions préciſes ſur la tolérance, ſans pouvoir même diſcerner les diverſes acceptions de ce terme.

L'accuſation fût-elle auſſi vraie qu'elle l'eſt peu, l'hiſtoire des Juifs fourniroit une exception ; perfécutés fans ceffe, ils le furent rarement par le Clergé ; car il ne faut pas juger de fon efprit par celui de l'inquifition d'Efpagne. Quand même on prouveroit que Saint Cyrille d'Alexandrie, égaré par un zele indifcret, les maltraita dans cette derniere Ville (8) ; d'une faute particuliere, pourroit-on inférer une conclufion générale? Qu'on nous cite un Agobard de Lyon, aigri contre les Juifs (9), nous alléguerons un Sidoine Apolinaire, Evêque de Clermont, intimement lié avec eux, & multipliant fes bons offices à leur égard ; un Ferreol, Evêque d'Uzès, les admettant à fa table, les comblant de préfens ; un Saint Hilaire d'Arles, regretté des Juifs qui courent à fes funérailles, mêler leurs larmes à celles des Chrétiens, & chanter des cantiques hébraïques pour honorer fa mémoire (10). A Mayence, à Spire, nous verrons des Prélats les fouftraire à la fureur des croifés, & faire pendre les affaffins. La force de la vérité fans doute emporte Bafnage, lorfqu'il vante l'humanité conftante des Papes envers les Juifs, qui les ont quelquefois payés d'ingratitude. Le zele éclairé des fucceffeurs de Pierre protégea les reftes d'Ifraël. On admire le courage dont s'arma Saint Grégoire le Grand pour les défendre. On lit encore avec tranfport une épitre d'Alexandre II, adreffée aux Evêques de France qui avoient condamné les violences exercées contre les Juifs, & ce monument honorera éternellement la mémoire du Pontife romain & des Prélats françois. En 1235, Grégoire IX écrit en leur faveur à Saint Louis. Deux autres de ses lettres, adressées à tous les Chrétiens, censurent avec force ceux qui, du manteau de la religion, couvroient leur avarice, pour vexer les Juifs; il y propose l'exemple de ses dévanciers, qui se sont déclarés leurs défenseurs. En 1247, Innocent IV écrit pour les justifier des crimes qu'on leur impute, & dit qu'ils sont plus malheureux sous les Princes chrétiens, que leurs peres sous Pharaon (11). Tandis que l'Europe les massacroit au quatorzieme siecle, Avignon devint leur asyle; & Clément VI, leur consolateur, n'oublia rien pour adoucir le sort des persécutés, & désarmer les persécuteurs.

Quand la féodalité naquit, les Juifs, soumis aux révolutions des autres Peuples, changerent, comme eux, d'existence dans l'ordre civil. Dès le neuvieme siecle, ils commencerent à porter dans toute l'Europe les chaînes de la servitude, qui les soumit à autant de tyrans qu'il y avoit de Seigneurs. Laissons parler l'Auteur de la *félicité publique;* rien de mieux tourné que ce passage : « sous le gouvernement féodal, les Juifs payoient

« des capitations énormes : lorsqu'un d'eux vou-
« loit se faire Chrétien, à lui permis ; mais il
« devoit indemniser son Seigneur : c'étoit une
« ame dérobée à l'enfer, mais un corps à rem-
« bourser au monde. Tel étoit l'esprit fiscal qui
« régnoit alors, qu'une conversion étoit regardée
« comme une banqueroute, & que le Paradis
« même n'avoit pas droit d'asyle (12). » Quelle affreuse inconséquence de confisquer les biens de ces malheureux, lorsqu'ils se convertissoient, & de les tourmenter, lorsqu'ils ne se convertissoient pas ! Les Souverains de quelques contrées, les Empereurs allemands sur-tout, ont souvent contesté aux Princes particuliers & aux divers Etats de l'Empire, le droit de recevoir des Juifs ; la bulle d'or le restreignoit aux Electeurs. Si la politique des Potentats eût été plus pénétrante, ils auroient habilement opposé les Juifs aux brigandages, à l'indocilité des grands Vassaux, souvent révoltés, toujours disposés à la révolte. Avec plus de lumieres & d'énergie, un Louis le Débonnaire, protecteur déclaré de la nation juive, dont il étoit aimé, auroit pu mouvoir utilement ce ressort qui, dans la suite des temps, fut en partie cause occasionnelle de la création du Tiers-état ; c'est une vérité paradoxale que nous ne pouvons qu'indiquer, en nous réservant de la développer ailleurs.

La servitude n'empêchoit pas toujours les Juifs d'acquérir des terres ; on voit même qu'en France ils ont possédé de vastes domaines (13) ; mais on sent qu'il étoit facile de ravir la propriété de leurs biens à des gens qui n'avoient pas la propriété de leurs personnes. Les croisés avoient tué les Juifs au nom de la religion, pour s'arroger le droit de les piller ; les usures trop réelles de ces mêmes Juifs servirent de prétexte aux Princes pour les piller à leur tour. L'avarice suspendoit quelquefois les paroxismes de la haine ; une politique également absurde & barbare calculoit ce qu'elle pourroit extorquer de numéraire, en les vexant ; & enfin la haine, réunie à l'avarice, tuoit cette poule d'or, & s'appercevoit alors qu'elle avoit mal calculé.

On commençoit ordinairement par confisquer leurs immeubles ; après avoir débuté par là, Philippe Auguste qui les chassa de France pour les y rappeller ensuite, leur permit seulement de vendre leurs meubles : mais le peuple profitant de la circonstance, refusa d'acheter ou de payer. On arracha même à ces malheureux le peu d'argent qui leur restoit (14), & plusieurs périrent faute de subsistance. Les regnes de trois de nos Rois, Philippe Auguste, Philippe le Bel & Philippe le Long sont marqués en caracteres de sang dans les fastes des Juifs (15). La justice (si cependant elle peut alors s'honorer de ce nom), la justice aiguisoit les poignards, & donnoit le signal de l'injustice & du carnage. Les Juifs de Bretagne, ayant ruiné les Cultivateurs, méritoient sans doute l'animadversion du Gouvernement; mais on n'en frémit pas moins en lisant l'édit porté en 1239 par Jean le Roux, Duc de cette province, à la réquisition des trois ordres de la nation Bretonne. Il bannit les Juifs de ses Etats, décharge leurs débiteurs, permet à ceux qui en avoient des effets de les garder, & défend d'informer contre quiconque auroit précédemment tué des Juifs (16). C'est comme s'il eût dit à ceux-ci, je vous ravis tout, patrie, honneur, biens & même le droit à la commisération publique; il vous restera la vie; mais si vous ne trouvez ailleurs, comme ici, que des ames fermées à la pitié, il faudra que vous expiriez tous dans les convulsions du désespoir. Si Néron fut un monstre, qu'étoit-ce que Jean le Roux?

Qu'on ne croye pas cependant qu'ailleurs ils fussent traités d'une maniere plus humaine. Les chassoit-on? avant leur sortie du pays, ils étoient sûrs de recueillir des outrages, des tourmens ou la mort. Les rappelloit-on? c'étoit pour les abbreuver d'humiliations, de douleurs mille fois pires que la mort. A Toulouse, trois fois l'année, on les souffletoit juridiquement. On tenoit sans doute à honneur de remplir cette commission infernale, puisqu'un Vicomte de Rochechouart, auquel on avoit déféré cette invitation, s'en acquita avec une telle vigueur, qu'il fit sauter la cervelle du malheureux Juif, expirant à ses pieds (17). On a prétendu que ce récit étoit exagéré, à cause de l'impossibilité physique d'ouvrir le crane par un soufflet : c'étoit le temps des Tournois, peut-être se servit-il d'un gantelet. Rabattons la moitié de ce récit ; en aura-t-on moins sujet de s'attendrir? A Beziers on les chassoit de la Ville à coup de pierres, le jour des Rameaux ; ils n'y rentroient que le jour de Pâques. En Angleterre, tous les ans on en choisissoit un, pour lui arracher les dents, depuis que Jean Sans-terre, voulant arracher une somme d'un Juif opulent, le condamna à perdre une dent tous les jours, jusqu'à ce qu'il déliât sa bourse ; ce fut seulement le huitieme jour, à la huitieme dent. Henri III, Roi de ce pays, vendit les Juifs de ses Etats à son frere Richard, afin, dit un Historien (18), que le Comte *arrachât les entrailles à ceux à qui son frere n'avoit arraché que la peau.* Par-tout la hache étoit levée sur leurs têtes. Une peste se manifeste en Sardaigne ; on y envoye quatre mille Juifs pour les rendre victimes de la contagion. En 1391, l'Empereur Venceſlas, ayant également déchargé les Villes & la Nobleſſe de dettes contractées envers eux, toute l'Allemagne ſaiſit ce moment pour les maſſacrer (19). L'Eſpagne exerçoit alors la même barbarie; & cent ans après, le Portugal fit fondre ſur eux tous les malheurs. Pendant trois jours conſécutifs, Liſbonne s'enivra du plaiſir de les égorger : les uns étoient attachés vivans à des cadavres, les autres brûlés en tas. Mezence & Phalaris, Cortez & des Adrets n'inventerent jamais des atrocités plus révoltantes.

Paſſons en Orient pour ſangloter à l'aſpect de pareilles horreurs. Que pouvoient-ils ſe promettre des Muſulmans, qui les ont en exécration? Par un accord fait entre les Juifs & le Sophi, ſi le Meſſie paroiſſoit dans ſoixante-dix ans, toute la Perſe devoit profeſſer le Judaïſme, ſinon les Juifs devoient embraſſer le Mahométiſme. Abbas II retrouve ce traité en feuilletant des regiſtres, &, pendant trois ans, les Juifs ſont pourſuivis avec fureur & maſſacrés ſans pitié (20). On enfleroit des volumes, en racontant les cruautés de cette nature dont les peuples ont ſouillé leur hiſtoire. Auſſi, diſent les Rabbins, en ſtyle de Rabbins : dans ces diverſes perſécutions, on verſa tant de ſang de la nation ſainte, qu'il s'en forma des torrens, & ces torrens entraînerent à plus d'une lieue en mer, des rochers qui avoient trois cens pieds de circonférence.

Comme il eſt eſſentiel de parler au cœur, ainſi qu'à l'eſprit, ces détails préliminaires ne ſeront pas inutiles; en rappellant aux Juifs la douceur des Gouvernemens actuels, leurs ames s'ouvriront ſans doute à la reconnoiſſance; en rappellant aux Chrétiens les forfaits de leurs peres, ils verront ce qui leur reſte à faire pour les expier. Souvenons-nous que les Juifs commencent à peine à reſpirer; que depuis la priſe de Jéruſálem, juſqu'au ſeizieme ſiecle, il eſt peu de contrées où ils n'ayent été ſucceſſivement chaſſés, rappellés, chaſſés de nouveau, pillés, maſſacrés ou brûlés: on peut même prolonger juſqu'à nos jours la durée de leurs maux. L'univers en fureur s'eſt acharné ſur le cadavre de cette nation; preſque toujours leur mieux être fut de ne verſer que des larmes, & leur ſang a rougi l'univers. Nous ne parlons qu'avec horreur de la Saint Barthelemi: mais les Juifs ont été deux cents fois victimes de ſcenes plus tragiques; & quels étoient les meurtriers?

CHAPITRE II.

Réflexions sur la dispersion des Juifs.

LA dispersion des Juifs est un événement unique dans l'histoire des hommes. De grands peuples ont été engloutis par de grandes révolutions. Seulement les restes de quelques-uns forment encore aujourd'hui des classes isolées, mais peu nombreuses, & répandues dans leur ancienne patrie ou dans quelques coins de la terre. Les Cyganis ne sont que des hordes errantes dans les forêts de la Hongrie, de la Moldavie ou dans les Bourgades de l'Espagne; on ne trouve des Breberes qu'en Barbarie; des Banians & des Guebres, que dans quelques coins de l'Orient, au-lieu que le souffle de la colere divine a dispersé sur l'étendue du globe les enfans de Jacob. La sotte crédulité a parlé d'un Juif errant; ils le sont tous. Vaincus par les Assyriens, les Perses, les Medes, les Grecs & les Romains, ces nations puissantes disparoissent, & le Juif, dont elles ont brisé le sceptre, survit avec ses loix aux débris de son Royaume, & à la destruction de ses vainqueurs.

Dépositaire des premieres archives du monde, & des oracles qu'il a méconnus, il va la bible en main vérifier les prédictions de ce livre, & rendre témoignage à la vérité d'une religion qu'il abhorre ; sans cesse il a les yeux tournés vers Jérusalem, ne desirant qu'elle pour patrie, & n'obtenant jamais cette Ville, possédée successivement par les Payens, les Chrétiens & les Turcs. Le sang de J. C. est retombé sur les Juifs comme ils l'ont desiré ; depuis la journée sanglante du Calvaire, ils sont en spectacle à toute la terre qu'ils parcourent, demandant un Messie qu'ils ont cherché jusques dans Cromwel (1). Voilà dix-sept siecles qu'ils se débattent, se soutiennent à travers les persécutions & le carnage : toutes les nations se sont vainement réunies, pour anéantir un peuple qui existe chez toutes les nations, sans ressembler à aucune, sans s'identifier avec aucune : si les tribus sont confondues, la race ne l'est pas ; & dans tant de contrées, différentes par les religions, les idiomes & les usages, la race d'Abraham subsiste sans mêlange, malgré les persécutions & le mépris, qui auroient dû la porter à se confondre : en un mot les Juifs, étrangers, chassés, persécutés par-tout, existent par-tout. Tel seroit un arbre qui n'auroit plus de tige, & dont les rameaux épars continueroient de végéter avec force (2).

Quelles réflexions préfente donc le fpectacle d'une nation répandue en tous lieux & fixée nulle part ? Humaine envers fes enfans, cruelle envers les autres hommes, fouvent perfécutée pour des crimes qu'elle n'avoit pas commis, & paroiffant digne de l'être pour ceux dont elle étoit coupable ; tour-à-tour maffacrée & maffacrant par repréfailles (3), quand elle l'a pu ; payant par-tout le droit d'exifter, & obtenant à peine celui de refpirer un air impur ; abjurant fon libérateur, & toujours dupée par des brigands qui ufurpoient le titre de Meffie (4) ; devenue méprifable par fon infenfibilité au mépris ; à l'étude de l'écriture fainte mêlant de réveries pires que l'ignorance ; n'offrant plus gueres que des ames fans énergie, & fur qui les refforts de l'honneur........ Pardon, enfans d'Ifraël, mes pleurs ont prefque effacé ce tableau ! mais pouvois-je démentir tous les monumens de l'hiftoire ? Quand j'ai tracé ces affreufes antithefes, la douleur & la vérité conduifoient le crayon ; je m'empreffe cependant de répéter que fouvent la calomnie vous a fuppofé des crimes ; &, fi l'on ne peut vous difculper fur tous, on verra qu'ils furent en grande partie notre ouvrage.

CHAPITRE

CHAPITRE III.

Réfutation de plusieurs calomnies dont on a chargé les Juifs dans le moyen âge.

QUELLE idée se formeroit-on des anciens Juifs & Chrétiens, en les jugeant sur les témoignages multipliés des Historiens Egyptiens, Grecs & Romains? On croiroit que les premiers, seuls adorateurs du vrai Dieu avant l'ere chrétienne, vénéroient une tête d'âne ; que les autres, dans leurs assemblées, tuoient un enfant, dont ils mangeoient la chair, & se souilloient par l'inceste & la lubricité la plus dégoûtante ; & cependant ces crimes, toujours présumés, jamais prouvés, ces calomnies grossieres, fabriquées par l'ignorance ou la noirceur, étoient universellement admises par des nations qui étoient juges & parties contre les accusés.

Dans les siecles ténébreux du moyen âge, les Juifs punis, mais de la maniere la plus affreuse, quelquefois pour des crimes avérés, l'étoient plus souvent pour des forfaits chimériques. On eût pu les déclarer tous sorciers & en faire des cendres ; & je ne sais comment cet expédient est échappé à nos ancêtres, qui avoient autant de lumieres que d'humanité. Des *lumieres!* oui certainement ils en avoient : ils ſurent deviner que les Juifs avoient cauſé l'égarement d'eſprit de notre Roi Charles VI; qu'au couronnement d'un Richard, Roi d'Angleterre, les Juifs étoient venus ſouffler ſur lui le poiſon du maléfice. De *l'humanité!* ils en avoient certainement; car, dans les deux cas qu'on vient de citer, les Juifs en furent quittes en France, pour être chaſſés, volés, outragés, réduits à la derniere miſere; en Angleterre, on ſe contenta pendant un an, de maſſacrer tous ceux qu'on put trouver, mais on ne les brûla pas (1). Sous un autre regne, on les fit auteurs de la famine, de la peſte, qui dévaſtoient cette contrée. En conſéquence, par ordre du Roi, au bord de la mer furent érigés deux pavillons, ſurmontés l'un d'une croix, l'autre de l'image du Pentateuque : on y traîna les Juifs; &, ſuivant qu'ils conſentoient ou refuſoient de ſe faire Chrétiens, on les introduiſoit dans la premiere tente ou dans celle de Moyſe, pour être, dans celle-ci, maſſacrés ſur le champ, & enſuite jetés à la mer (2).

Mais les Juifs, nous dit-on, empoiſonnoient les fontaines, correſpondoient proditoirement avec les Sarraſins, immoloient des enfans Chrétiens, outrageoient les ſaintes hoſties, &c. Remarquez d'abord que *profanation*, *impiété*, *ſacrilege*, ſont des termes relatifs ; leur application dépend des principes religieux de chaque homme. Quand les Eſpagnols s'emparerent des belles moſquées de Grenade, ils étoient des profanateurs aux yeux des Maures qu'ils venoient de chaſſer. Quand au ſiecle dernier les François détruiſirent en riant la Synagogue de Worms, ils étoient de véritables impies aux yeux des Juifs, perſuadés que ſur un des murs étoit gravé le nom ineffable de Jehova. Et quand des Juifs forcenés outrageront les ſaintes hoſties ou l'image du Sauveur, à plus forte raiſon les traiterons-nous d'abominables ſacrileges, nous autres Chrétiens éclairés des rayons de la vérité. On applaudit à la ſévérité des Tribunaux qui ſéviſſent contre de tels attentats, quoique les châtimens qu'ils infligent alors doivent être indépendans de la vérité ou de la fauſſeté des principes religieux, & que les coupables, s'ils ſont d'une religion différente de celle qu'ils ont outragée, doivent être punis ſeulement comme ſéditieux, comme ayant profané ce qu'il y a de plus reſpectable pour une partie de leurs concitoyens. Les bornes de cet ouvrage nous interdiſſent la diſcuſſion approfondie de beaucoup de témoignages hiſtoriques qui inculpent les Juifs. Nous ſommes forcés de réſerver cette tâche pour un autre écrit.

Nous remarquerons ſeulement que, dans ce genre, aſſurer tout ou nier tout, ſont deux extrémités également vicieuſes, & dont n'ont pas ſu ſe garantir deux Ecrivains eſtimables (3). Mais voici une réponſe qui ſera toujours victorieuſe.

Quelques Juifs, de Paris ou de Cologne, auront profané les choſes les plus ſacrées de notre religion. Soit : il y a dans ce genre des faits inconteſtables, & la ville de Saint-Diez en conſerve un monument qui paroît authentique (4). Trois ou quatre Juifs de Trente, de Haguenau, de Fulde, de Tyrnau, de Pons, auront immolé des enfans Chrétiens ; nous pourrions débattre ces aſſertions, car de qui les tenez-vous? d'Hiſtoriens Chrétiens; mais accordons que la rage, le délire, ou le deſir de ſe venger, auront pu conduire à ces excès quelques fanatiques (5) ; la nation entiere ſera-t-elle coupable? Parce qu'Angouleme fut la patrie de Ravaillac, les habitans de cette Ville ſont-ils complices d'un régicide? Parce qu'un Médecin Juif aura aveuglé Jean, Roi de Boheme, en lui promettant de le guérir d'un ophthalmie; parce qu'un autre aura empoiſonné Joachim, Electeur de Brandebourg; parce que Sedecias aura fait périr Charles le Chauve de la même maniere, les Juifs contemporains & poſtérieurs deviendront-ils reſponſables de ces deux crimes, comme ſi la nation entiere avoit conduit la main des coupables? Que dis-je coupables? M. de Boiſſi vous prouve que le crime de Sedecias eſt auſſi chimérique que la prétendue trahiſon des Juifs, pour livrer Toulouſe aux Sarraſins (6).

L'empoiſonnement des fontaines par des paquets d'herbes ou des mixtions peſtiférées, forme une accuſation bien plus abſurde; car enfin, pour commettre des crimes, il faut des motifs & l'eſpoir d'un ſuccès; il en faut même à l'atrocité la plus ſtupide. Et quel ſuccès pouvoient eſpérer les Juifs, en empoiſonnant, je ne dis pas le Rhin & le Danube, comme on l'a ſi ridiculement avancé, mais les ſources qui ſe renouvelloient conſtamment, où l'on puiſoit journellement, où ils puiſoient eux-mêmes? Demandez aux Pharmaciens ſi, dans un temps où la chymie étoit au berceau, on connoiſſoit, ſi actuellement que cette ſcience a fait des progrès, on connoît un poiſon aſſez actif pour produire un tel effet. Peut-on ſe perſuader que les Juifs, ayant le plus grand intérêt à ménager les nations, ayent tenté des crimes dont l'exécution étoit évidemment impoſſible, & dont ils ne pouvoient eſpérer que de nouveaux maſſacres? Si les hommes, a dit un auteur, ſont extravagans contre leurs propres intérêts, il eſt permis de ne le concevoir pas, & de ne le croire qu'avec peine. Et comment donc a-t-on pu croire univerſellement des crimes deſtitués de preuves ?

Pour le concevoir, figurez-vous être dans ces ſiecles du moyen âge; ſiecles brillans où les Docteurs avoient le ſecret d'expliquer tout. Une mortalité ſe manifeſte, telle que la peſte de 1348, qui enleva le tiers de l'Europe; les profonds ſpéculateurs de ce temps ſe propoſent de connoître, & de faire connoître la cauſe de la contagion. Ils ſe gardent bien de conſulter la nature, tandis qu'ils ont en main une foule de traités *de omni ſcibili*. On pourroit au beſoin faire intervenir la ſympathie, la magie, les cauſes occultes, mais on préfere d'attribuer au poiſon les ravages de l'épidémie. Dès-lors, il eſt décidé que les Juifs ſont auteurs des fléaux dont il plaît au ciel d'affliger la terre : perſonne n'en a été témoin, mais tout le monde l'aſſure. D'ailleurs ils ont un idiome inconnu au vulgaire; & peut-on parler hébreu, ſi ce n'eſt pour tramer des crimes? Ils ſe ſont concertés avec les Rois Muſulmans pour faire périr tous les Chrétiens : ce projet a été confié à toute la nation hébraïque, parmi laquelle il ne s'eſt trouvé aucun indiſcret; elle a eu le talent de découvrir & de répandre à propos un poiſon auſſi inconnu préſentement que le nid du phénix ou le verre malléable. Il falloit bien que ce poiſon très-ſubtil circulât dans les entrailles de la terre, & remontât les ſources tortueuſes des fontaines, pour infecter juſqu'au réſervoir qui en alimentoit le cours : car, faute de cette précaution, la ſource, renouvellée ſans ceſſe, eut détruit l'activité du poiſon. Il falloit encore que, d'un accord unanime, les Juifs ſe fuſſent interdit l'uſage de l'eau, pour n'être pas eux-mêmes victimes de leurs forfaits. Tout cela eſt un peu difficile à croire; mais on n'examine pas la poſſibilité de la choſe : on ne veut pas voir que les inventeurs de cette calomnie groſſiere ſont les débiteurs des Juifs, qui veulent ſe libérer ſans payer (7) : on commence par égorger, ſauf à examiner enſuite ſi les défunts étoient coupables. La haine qu'on porte aux accuſés fait dévorer les abſurdités les plus révoltantes; des annaliſtes contemporains les inſerent dans leurs chroniques. Quatre ſiecles après, un Eiſenmenger recueille le tout, pour groſſir des in-4°., qui ſont un arſenal de menſonges (8). Un pere Daniel adopte leur récit (9); le commun des lecteurs reçoit ces faits ſans les peſer, d'autant plus facilement qu'ils ſont atteſtés par un hiſtorien, d'ailleurs eſtimable; & l'on répete aujourd'hui que ſous Philippe le Long, les Juifs empoiſonnoient les fontaines. Et dans quels ſiecles, bon dieu? Précisément dans le même ſiecle où l'avarice & la calomnie traînoient au bûcher le vénérable Grand Maître des Templiers & ſes Chevaliers (10); & tous ces faits ſont conſignés, non dans l'hiſtoire des tigres, mais dans celle des hommes. Que ne peut-on par des larmes en effacer bien des pages!

CHAPITRE IV.

Cauſe de la haine reſpective des Juifs & des autres nations.

LA réſiſtance des Juifs dans la derniere guerre contre les Romains, avoit aigri le caractere de ceux-ci, qui ne manquerent pas d'inſpirer leurs préventions à tous les peuples de l'empire. Les Juifs, chaſſés de leur patrie, mais exaltés ſans ceſſe par les impoſtures de faux Meſſies qui alimentoient leur fanatiſme, ne ſouffroient qu'avec peine une domination étrangere, & ils conſerverent juſqu'au ſeptieme ſiecle un eſprit ſéditieux qui réveilloit la haine (1).

La religion eſt d'ailleurs l'article ſur lequel on pardonne le moins aux autres de penſer différemment ; &, s'il eſt une religion capable de choquer l'amour propre de ceux qui n'en ſont point ſectateurs , c'eſt aſſurément la religion juive : ainſi l'avoit fait à deſſein ſon divin auteur, pour élever une barriere entre ſon peuple & la corruption des peuples idolâtres qui de toute part l'avoiſinoient. Le judaïſme offre un culte excluſif ; & quoiqu'il impoſe l'obligation d'une philanthropie univerſelle, ſa ſingularité paroît tendre à faire enviſager les autres hommes comme d'odieux profanes (2). Il profeſſe l'unité de Dieu, & les Gentils ſe révoltoient contre un dogme qui ſappoit les fondemens du paganiſme : d'ailleurs ils ne parloient qu'avec un ſourire dériſoire de la Circonciſion, le plus antique de tous les rites ; & du ridicule au mépris le paſſage eſt immédiat. Il eſt de principe en morale qu'on ne hait gueres ce qu'on dédaigne ; mais le malheur des Juifs les a ſoumis à l'exception. Le mépris les deſtinoit à la flétriſſure, & la rage aux tourmens. Les Chrétiens voyant en eux les auteurs d'un déicide, oublioient quelquefois l'exemple de leur fondateur, qui a prié ſur la croix pour ſes bourreaux. Mahomet commença par marquer aux Juifs beaucoup de conſidération, mais bientôt ce ſentiment fit place à la fureur. Son alcoran retentit d'exclamations violentes contre des hommes opposés à sa doctrine ; & les Musulmans qui argumentoient avec le sabre, renfermerent les Juifs dans la proscription de toutes les religions différentes de l'islamisme. Le laps des siecles fortifia cette animosité, qui devint héréditaire, parce que les peres la nourrissoient dans leurs enfans. Bientôt on supposa que les Juifs, aigris, mais trop foibles pour opposer des vengeances éclatantes à des vexations barbares, provoquoient sourdement des malheurs ; & les peuples, adoptant cette idée sans examen, les massacroient sans pitié. Nous verrons plus bas comment les Juifs, forcés de se livrer à l'usure, & parvenus à l'opulence, irriterent l'envie par leurs richesses, qui les rendirent plus odieux encore. Telles sont les sources de la haine que toute la terre a vouée au peuple Juif, & de la persécution qui les a suivis par-tout.

Le résultat de ces événemens offre action & réaction. Les Juifs de la même secte ont toujours été assez unis entr'eux, parce qu'il y avoit chez eux peu de disproportion dans les rangs, les fortunes, & très-peu de luxe ; leurs années jubilaires les rapprochoient de l'égalité primitive que les institutions sociales combattent sans cesse ; leurs malheurs ont fortifié cette union & resserré leurs nœuds. Nous avons tracé le tableau des cruautés exercées contre eux. Honnis, proscrits, outragés par-tout, pouvoient-ils aimer leurs tyrans? Ils ont dû concevoir de l'aversion pour tous les peuples ligués contre eux, sur-tout pour les Chrétiens, qu'ils regardoient comme des intrus coupables d'avoir éclipsé leur splendeur religieuse (3).

CHAPITRE V.

Uniformité constante d'opinions & d'usages chez les Juifs; modification de leur caractere.

BOULANGER prétend que les Juifs ont souvent quitté leurs usages pour en adopter d'étrangers (1). Un autre savant très-estimable, assure que, dispersés parmi les peuples, ils en ont pris le caractère. Un Juif portugais de Bordeaux, dit-il, & un Juif allemand de Metz, paroissent deux êtres absolument différens (2) : d'accord, sur quelques nuances qu'entraînent communément la disparité de fortune, la disette & l'opulence, le luxe & la misere. On sait encore que les Juifs portugais qui se prétendent de la tribu de Juda, ne s'allient gueres qu'entre eux : mais, en compulsant les documens historiques, on voit qu'à cela près, c'eſt la nation la plus ſemblable à elle-même dans tous les temps, quant à la croyance & aux uſages. Oxenſtirn comptoit ſoixante & dix ſectes parmi les Juifs (3) : ce calcul outré ſe réduit à trois (4). Quelques variétés d'opinions indifférentes n'établiſſent pas plus entre leurs partiſans une différence de culte, qu'entre ce qu'on nommoit jadis thomiſtes & ſcotiſtes. Les Caraïtes, & les Samaritains ſur-tout, ſont en ſi petit nombre, qu'à peine faut-il les compter. Les Rabbaniſtes, ſucceſſeurs des Phariſiens, forment le gros de la nation ; & à Livourne, comme à Metz, à Hambourg, comme à Bordeaux, vous trouverez parmi eux conformité de dogmes, de rites & d'habitudes morales, parce qu'aucune religion n'établit tant d'uniformité dans la conduite, que la religion moſaïque, qui, jointe aux traditions des Docteurs, regle les détails les plus minutieux de la vie. Cette nation a conſervé un caractere preſqu'invariable ; & quand un voyageur nous dit que les femmes Juives de Maroc copient les uſages des Maures (5), il n'entend parler que de coſtumes & de modes.

Ce peuple portant par-tout ſa langue & ſa religion n'a quitté de ſes uſages que ceux qu'il n'a pu conſerver. A peine même eſt-il modifié par les climats, parce que ſon régime de vie en combat, en affoiblit les influences. Auſſi la différence des ſiecles & des pays a ſouvent renforcé ſon caractere, loin d'en altérer les traits natifs. On a vainement entravé ſon génie ; on ne l'a pas changé ; & peut-être y a-t-il plus de reſſemblance entre les Juifs d'Ethiopie & ceux d'Angleterre, qu'entre les habitans de la Picardie & ceux de la Provence.

La diſperſion a cependant modifié ce peuple; mais ces modifications ne portent gueres que ſur deux objets : l'attachement obſtiné à ſa croyance, qu'il abandonnoit avec tant de facilité dans les temps antiques, & l'eſprit de cupidité qui le domine univerſellement. Le commerce a introduit un changement notable dans ſon moral ; nous en détaillerons les cauſes & les effets en parlant de ſes uſures. Mais le commerce même qui tend à effacer les caracteres nationaux, pour les mettre à l'uniſſon, a laiſſé preſque intact celui du peuple Hébreu. Ce qu'on vient de lire amene naturellement une objection ſur la poſſibilité de les réformer : en traitant cette matiere, nous répondrons victorieuſement à cette difficulté.

Le ſecond objet de diſparité entre leurs mœurs anciennes & modernes, eſt cette adhéſion obſtinée à leurs dogmes. Les prodiges opérés en faveur des premiers Hébreux inſpirent à leurs deſcendans un mépris pour les nations, que l'Eternel n'a point honoré des mêmes faveurs. Ils ſont plus enflés des dons accordés à leurs peres, qu'humiliés des fléaux qui les frappent. Actuellement encore, dit Boſſuet, ils regardent les graces du ciel, envers leurs ancêtres, comme une dette envers les enfans : leur grandeur à la vérité n'eſt pas tout-à-fait illuſoire ; mais il n'eſt pas moins vrai que l'orgueil eſt chez eux une maladie invétérée, & qu'ils deviendroient facilement inſolens ſi, n'étant plus courbés ſous le joug, on les livroit à l'eſſor de leur eſprit imbu de préjugés, ſans chercher à les déraciner.

Souvent on a tenté d'amortir leur zele religieux. Trajan leur avoit interdit la lecture de leurs loix ; Adrien la leur accorda, en payant un droit ; mais il leur défendit de circoncire leurs enfans, & de remettre le pied en Judée, de peur que la vue de ce pays ne ranimât leur rebellion. Ailleurs, on a cent fois répété les mêmes défenſes, & brûlé leurs livres. Une partie de leur culte étoit devenue impoſſible à pratiquer depuis la deſtruction du Temple. On a mis des obſtacles à l'accompliſſement du reſte ; mais les obſtacles multipliés n'ont fait que fortifier leur opiniâtreté. Sans ceſſe ils ont les regards tournés vers leur ancienne métropole ; & ſi actuellement la liberté leur tendoit les bras ſur les frontieres de la Paleſtine, ils y voleroient de tous les coins du globe avec leurs livres, leurs rites & leurs loix. Dix-ſept ſiecles de calamités n'ont pu leur ôter l'eſpoir d'un libérateur ; & quand en 1666 Zabbathai-Zévi s'annonça pour tel, les Juifs de Metz, d'Italie, d'Allemagne étoient déja prêts à tout vendre, pour l'aller joindre (6). Leur zele ſe refroidit en apprenant que ce Meſſie avoit fini ſa miſſion par ſe faire Turc.

Pourquoi donc les Hébreux, toujours flottans dans leurs principes religieux, toujours enclins à l'idolâtrie, avant la captivité da Babylone, ſont-ils préſentement attachés non ſeulement à la loi moſaïque, mais aux chimeres ſurajoutées dont ſe repaît une aveugle crédulité? Voilà une énigme dont on demandera le mot à la religion, ſi les cauſes ſuivantes ne ſuffiſent pas pour la dévoiler.

Perſécuter une religion, c'eſt preſque toujours un moyen ſûr de la rendre plus chere à ſes ſectateurs, & les hommes n'ont eu que trop d'occaſions de conſtater cette vérité : en pareil cas l'amour propre s'intéreſſe à conſerver des principes qui ont coûté des tourmens ; & d'ailleurs le malheur qui conduit quelquefois au crime, au déſeſpoir, conduit rarement à l'incrédulité, parce que l'homme abandonné des hommes, tourne ses regards vers le ciel, pour y trouver un confident de ses peines. Tels sont les Juifs : l'attente d'un Messie que doivent escorter la gloire & les plaisirs, leur a fait oublier les angoisses d'une vie orageuse, & l'espoir d'un bonheur futur a été pour eux une consolation présente.

CHAPITRE VI.

Réflexions sur le caractere moral des Juifs : la plupart de leurs vices proviennent des vexations qu'ils ont souffertes.

IL seroit injuste d'imaginer que toute la nation hébraïque n'est qu'une tourbe de gens sans cœur & sans mœurs. On trouve une foule d'exceptions éclatantes parmi les Juifs Portugais, d'Italie, de France, & sur-tout d'Hollande, dont aucun, depuis deux siecles, n'a été condamné à mort; parmi les Juifs allemands, d'Amsterdam, de Berlin, & même de Lorraine; parmi ceux des Colonies angloises, dont beaucoup ont su captiver la considération publique : & si l'on fait attention à la prévention générale contre eux, on conviendra que

que les Juifs estimés sont incontestablement estimables.

Ils ont été souvent accusés de trahison. Nous avons déja prouvé que la plupart de ces imputations étoient filles de l'imposture : rien de plus déraisonnable, répétons-le, que de juger une nation sur des faits particuliers, à moins que leur multiplicité ne comporte une induction générale. Parce qu'un Marchand Juif aura trempé dans la conspiration formée contre la maison de Bragances (1) ; parce que dans le Mariland on aura pendu deux Juives pour correspondances avec les troupes angloises (2) ; parce que la Czarine vient de publier une ukase qui ordonne aux Juifs de ses Etats de borner leurs correspondances aux objets de commerce, attendu que des lettres interceptées ont prouvé qu'ils informoient les Turcs : que conclure delà contre le peuple entier ? On répond abondamment à ces anecdotes par d'autres contraires. Si les Malthois leur reprochent d'avoir jadis livré Rhodes aux Sarrasins (3), on leur rappelle Malthe délivrée en 1749 par un Juif, d'une conspiration terrible (4) ; on cite les Juifs de Bordeaux se cotisant pour subvenir aux frais de la guerre, & sur-tout un Gradix soutenant les Colonies affligées de la famine. Je n'ai lu nulle part qu'aucun Juif ait figuré dans les troubles civils de la ligue, ni dans les entreprifes audacieufes des Flibuftiers. Une époque antérieure nous montre ceux d'Angleterre qui, dans un moment où on leur permet de refpirer, s'empreffent d'avancer de l'argent au Roi & aux Grands pour le voyage d'Outremer. On ne réfifte pas au plaifir de citer, après le Roi de Pruffe, un trait de générofité, auquel il ne manque qu'une application plus légitime. Quand Guillaume d'Orange voulut détrôner Jacques II, fon beau pere, Schwartzau, Juif d'Amfterdam, lui prêta deux millions, en difant: fi vous êtes heureux, vous me les rendrez, finon je confens de les perdre (5). Ce trait vaut celui de Fugger envers Charles-Quint. Dans l'énumération des qualités morales de ce Peuple, nous compterons la fobriété. Ockley nous affure à la vérité que les femmes Juives de Maroc aiment paffionnément les liqueurs fortes (6) : elles feroient donc exception à l'obfervation générale, par laquelle il confte que les Juifs ne connoiffent gueres de l'ivrognerie que le nom.

Un Auteur récent affure que la circoncifion émouffe en eux la falacité (7). D'un autre côté il eft avoué des Phyfiologiftes, que l'éléphantiafis & la lepre, dont les principes font affoiblis, & non éteints chez les Juifs, produifent un effet contraire, & rendent libidineux, en charriant dans la maſſe des humeurs beaucoup de particules acrimonieuſes (8). J'ai remarqué que les enfans hébreux ſont très-précoces ſur les notions relatives au développement de la puberté ; des peres m'ont aſſuré que le libertinage ſolitaire étoit extrêmement commun chez eux, & je préſume que les Juives ſeroient fort ſujettes à la nymphomanie, ſi elles éprouvoient les longueurs du célibat. C'eſt une opinion dont je développerai les probabilités, ſi on l'exige. Peut-être que pour eux, comme pour tant d'autres, le défaut d'occaſion eſt la ſeule ſauve-garde de la vertu. Lorſque vers le milieu de ce ſiecle, on voulut leur accorder dans le Royaume de Naples une exiſtence légale, tout-à-coup, enivrés de ce bienfait, ils crurent que la liberté étoit la licence; ils ſe livrerent à une débauche effrénée qui fit ſur le champ révoquer l'édit (9).

Cependant, en général, on ne peut pas reprocher aux Juifs le libertinage qui flétrit & dépeuple nos Villes. Cardoſo les loue de n'avoir aucun de ces livres déteſtables dont le but eſt d'attiſer la luxure; il prétend que la décence eſt en eux une vertu preſqu'innée (10). Les Docteurs, ſtatuant ſur une foule de cas particuliers, ont donné un recueil de déciſions qu'on pourroit nommer le code de la Modeſtie (11). On ſait d'ailleurs que, ſuivant leurs expreſſions, les poutres même du logis ne doivent pas voir le Juif dans une attitude immodeſte. Par les peines & la honte, par les mariages hâtifs, ils ont oppoſé de fortes barrieres au libertinage. Rien de plus rare chez eux que l'adultere ; l'union conjugale y eſt vraiment édifiante, ils ſont bons époux & bons peres.

Je me fais un devoir de mentionner encore d'autres vertus preſqu'univerſelles chez eux : une tendreſſe effective pour leurs freres indigens, un reſpect profond pour les auteurs de leurs jours ; ils ſeroient déſolés de mourir ſans recevoir la bénédiction de leurs peres, ſans la donner à leurs enfans. Pendant onze mois le fils récite tous les jours la priere kadiſch, pour le repos de l'ame du défunt, & célebre par un jeûne annuel l'anniverſaire de ſon trépas (12). Il leur eſt enjoint de reſpecter leur inſtituteur à l'égal de leur pere, ou même plus ; car celui-ci, diſent-ils, ne donne que l'être, & l'autre donne le bien-être. Ils s'honorent d'une tendre vénération pour les vieillards, vertu touchante, preſqu'inconnue dans nos mœurs, mais ſi célebre dans la haute antiquité, & qui rappelle le gouvernement patriarchal.

Ne croyez pas toutefois qu'aux dépens de la vérité, nous voulons les revêtir de la robe de l'innocence. Un voyageur vient de nous répéter que les Juifs allemands établis en Angleterre, ſont le rebut de l'eſpece humaine (13), voleurs, recéleurs, &c. &c., & cette peinture peut convenir à beaucoup d'autres. Soyons-en peinés ; n'en ſoyons pas ſurpris. On a dit avant moi qu'on ne remarque pas aſſez l'influence de chaque profeſſion ſur le caractere moral. En effet tout peuple placé dans les mêmes circonſtances que les Hébreux, & vexé par la miſere qui néceſſite preſque des crimes, leur deviendra ſemblable. Amenez ſur la ſcene vos Brames tant vantés & ces paiſibles Otahitiens : interdiſez-leur tout moyen de ſubſiſter, que par un commerce de détail dont les gains ſont précaires & modiques, quelquefois nuls lorſque la ſoupleſſe & l'activité ne ſuffiront pas pour ſubvenir à des beſoins impérieux & toujours renaiſſans, bientôt ils appelleront à leur ſecours l'aſtuce & la fripponnerie.

Demandez à l'univers comment on a par-tout enviſagé les Juifs. La politique, avec les yeux de l'intérêt ; le vulgaire, avec ceux de la haine ou du mépris ; & d'inſipides Auteurs ont croacé pour fortifier ce ſentiment. Veut-on lire des chefs-d'œuvres d'impertinence ? On peut conſulter les ouvrages cités dans les notes (14), on verra des facultés théologiques, luthériennes, de Wittemberg, de Roſtock, décider qu'un Chrétien malade ne peut appeller des Médecins Juifs, parce que la plupart ſont des ânes : ils emploient des remedes magiques ; de dix baptiſés ils ſont obligés d'en tuer un. Les Juifs ſont maudits du ciel : conſéquemment ils ne doivent pas guérir les Chrétiens, qui ſont enfans de Dieu. Qu'un Chrétien dîne avec un Juif, c'eſt une eſpece de ſacrilege, ſelon Toſtat (15). Tel eſt auſſi l'avis du Docteur Jacques de Gruffiis, & cette déciſion eſt digne d'un homme qui examine ſi un Clerc encourt l'excommunication en ſe battant lui-même (16). Quand on voit des Diſſertateurs examiner ſérieuſement ſi les Juifs ſont infâmes de droit ou de fait, & ſe décider pour le fait (17) ; quand un d'eux vient nous dire que les Juifs exiſtent comme on laiſſe exiſter les bourreaux & les femmes publiques ; quand dans un livre, heureuſement oublié, intitulé : *Deciſiones aureæ*, on lit que les Juifs ſont pires que les Sarraſins & les habitans de Sodome (18), qu'ils ne peuvent pas être poſſédés, parce qu'un démon ne peut en ſurmonter un autre ; quand on voit Shakeſpear, dans ſon Marchand vénitien, introduire ſur la ſcene un Juif qui réunit tous les traits de la ſcélérateſſe ; quand on entend dire que le Juif, incapable de ſentir un bienfait, doit être conſidéré *ſicut mus in perâ, ſerpens in gremio, ignis in ſinu ;* quand on voit un ſavant, comme Buxtorf, commencer ſon Traité ſur la Synagogue, en diſant qu'on ne trouve chez les Juifs que fauſſeté, qu'hypocriſie, rappellons-nous que ces benins Ecrivains n'étoient que les échos de l'opinion publique.

De concert avec eux, il ſemble que l'autorité ſouveraine ait conſpiré à élever entre les Juifs & nous un mur de ſéparation. L'Europe a produit quatre cents réglemens pour rompre avec eux les liaiſons les plus indifférentes. A la vérité, quelques-unes de ces prohibitions portoient ſur un fondement légitime : telle fut celle d'avoir des eſclaves chrétiens. Il eſt prouvé que les Juifs, ayant le goût du proſélytiſme, les forçoient ſouvent à l'infraction des loix évangéliques (19). Une pareille défenſe ne pourroit aujourd'hui s'appuyer des mêmes motifs, & les ſollicitations d'un Juif en pareil cas ſeroient ſévèrement réprimées, ſi elles étoient connues : mais connues ou non, elles ſeroient infructueuſes. Dans nos ſiecles modernes on trouveroit à peine un Chrétien qui ait embraſſé le Judaïſme ; pour la curioſité du fait, nous citerons Antoine Debriey (20), & Milord Gordon.

D'anciens ſtatuts du dioceſe de Metz, rédigés en 1610, engagent les Curés à s'oppoſer au ſervice que rendoient aux femmes juives les matrones chrétiennes. On ne voit pas d'abord ce qui a pu dicter ce décret, mais il paroît que les ſages-femmes étoient preſque contraintes de participer à quelques cérémonies judaïques ou ſuperſtitieuſes ; & lorſqu'à l'imitation de pluſieurs Conciles (21), Grégoire XIII, par une conſtitution de l'an 1581, défendit aux Juifs d'avoir des nourrices chrétiennes, parce qu'après avoir communié, on les obligeoit à verſer leur lait dans les gardes-robes, ces défenſes portoient ſur des raiſons qui actuellement n'auroient plus lieu.

Mais combien d'autres réglemens enfantés par la haine ou l'ineptie ? En Orient, on vit un Abdala faire marquer les Juifs d'un fer chaud (22); un Montakaval leur interdire d'autres montures que des ânes ou des mulets; un Calife, El aquem beanir Allah, leur faire porter au col la figure d'un veau, à cauſe de celui que leurs peres avoient adoré dans le déſert (23). Actuellement en Perſe, on les inſulte impunément (24); en Afrique, on leur crache au nez dans les rues, les enfans les pourſuivent à coups de pierres (25). A Fez, un jour eſt indiqué pour recevoir leurs impôts ſur une place publique; à meſure que chacun paye il reçoit un coup de bâton ou un coup de pied, & se retire en faisant une profonde révérence au bruit des huées de la populace (26). En Turquie, sur-tout au fauxbourg de Galata, beaucoup sont porte-faix, mais il leur est défendu de mettre un sac, de foin sous leurs fardeaux comme font les Turcs. Un de ces malheureux avoit ramené à Constantinople Mahomet IV, égaré à la chasse; il demanda pour récompense la liberté d'avoir un sac, & il l'obtint (27). Quelques législateurs les ont regardés comme incapables de témoigner contre les Chrétiens. Dans plusieurs contrées les loix les punissent avec une partialité féroce. Pour des délits légers, elles leur infligent des peines infamantes & même capitales. Pour des crimes très-graciables, elles les livrent à des tourmens qui excedent la faute. Il y a vingt-deux ans que le malheureux Hirtzel Lévi, fut pendant dix heures vivant sur la roue, & l'arrêt du tribunal qui lava la mémoire d'un innocent ne lui rendit pas la vie.

L'union charnelle du Juif d'Avignon avec une Chrétienne fut autrefois punie par sentence du juge de la même peine qu'Abélard; mais en Angleterre, ce péché assimilé par la loi aux crimes contre nature, étoit puni du supplice des Vestales. En Suisse, en Allemagne, l'usage fut jadis, lorsqu'un Juif méritoit la hart, de le pendre par les pieds à côté d'un chien qui eſt le ſymbole de la fidélité (28), & cette barbarie a duré en divers pays juſqu'à nos jours. Il ſemble qu'on ait voulu reprocher au créateur de les avoir formés à ſon image, & détruire cette divine empreinte. En général les Gouvernemens, plus empreſſés à punir les crimes qu'à récompenſer la vertu, n'ont gueres ſu faire que des loix prohibitives, peu d'encourageantes; ils ont trouvé plus facile de tourmenter les criminels que de prévenir les crimes.

A la honte de notre ſiecle le nom Juif eſt encore en opprobre, & ſouvent encore les diſciples du maître le plus charitable, inſultent à des malheureux dont le crime eſt d'être Juifs, & qu'on rencontre ſur nos routes couverts des lambeaux de la miſere. En Europe on les a ſoumis au même péage que les animaux, auxquels ils répugnent par principes religieux (29). Autrefois un Roi d'Eſpagne condamnoit à de groſſes amendes quiconque recevoit d'eux quelques préſens (30); & Philippe le Hardi, après leur avoir défendu de ſe baigner dans les rivieres où ſe baignoient les Chrétiens, les obligea de mettre une corne à leur bonnet; ailleurs on les a forcés de porter des chapeaux jaunes, des roues ſur leurs habits, &c. On ne leur a laiſſé que la figure humaine, encore y a-t-on voulu attacher un diſtinctif flétriſſant en ſingulariſant leurs coſtumes. Hélas! que gagne-t-on en aviliſſant les hommes? à coup sûr on les rend pires.

Au-lieu de combler l'intervalle qui ſépare les Juifs de nous, on s'eſt plu à l'aggrandir; loin de leur fournir des motifs pour s'éclairer, s'améliorer, on leur a fermé toutes les avenues du temple de la vertu & de l'honneur. Que pouvoit devenir le Juif accablé par le deſpotiſme, proſcrit par les loix, abbreuvé d'ignominie, tourmenté par la haine? Il ne pouvoit ſortir de ſa chaumiere ſans rencontrer des ennemis, ſans eſſuyer des inſultes. Le ſoleil n'éclairoit que ſes douleurs; martyr de l'opinion, il n'avoit rien à perdre ni à gagner pour l'eſtime publique, même lorſqu'il ſe convertiſſoit, parce qu'on ne vouloit croire ni à ſa ſincérité ni à ſa vertu. Il étoit mépriſé, il eſt devenu mépriſable; à ſa place, peut-être euſſions-nous été pires.

Shaftesbury obſerve que les Juifs ſont naturellement ſombres & mélancoliques (31); cela eſt concevable chez des gens toujours environnés de terreurs: delà ce coup d'œil faux & ſiniſtre, cet air contraint & timide qui regne ſur leur phyſionomie & ſe développe dans toutes leurs attitudes. Leur crainte eſt un fruit de l'eſclavage, la miſere a flétri leur cœur, le déſeſpoir a provoqué leur averſion, & les a conduits à la vengeance. Telle eſt la généalogie inconteſtable de bien des crimes, & la marche preſqu'infaillible de la nature humaine en pareil cas. Mais les torts des Juifs, leurs malheurs accuſent notre conduite à leur égard. Nations, avouez en gémiſſant que c'eſt là votre ouvrage ! les Juifs ont produit les effets, vous aviez poſé les cauſes: quels ſont les plus coupables ?

CHAPITRE VII.

Réflexions ſur la conſtitution phyſique du peuple Juif.

CLÉNARD parle dans ſes lettres des beautés juives de Fez & de Maroc. On vante auſſi celles d'Avignon, & le voyageur Roques nous peint les Hébreux de Moka en Arabie comme aſſez bien faits (1). Peut-être même dans nos contrées trouve-t-on chez eux moins que chez nous des défauts de conformation. Mais cependant, s'il faut en croire Michaëlis (2) & nos yeux, la plupart des phyſionomies juives ſont rarement ornées du coloris de la ſanté & des traits de la beauté. Elles s'annoncent en outre par des nuances différentielles, auſſi marquées qu'inexplicables. Le philosophe Lavarer, qu'on peut considérer comme législateur quand il sera question de prononcer sur les physionomies, m'a dit avoir observé qu'en général ils ont le visage blafard, le nez crochu, les yeux enfoncés, le menton prominent, & les muscles constricteurs de la bouche fortement prononcés. Je me félicite de voir les conséquences morales qu'il en déduit, coïncider avec ce que j'ai développé dans le chapitre précédent.

Misson remarque que les Juifs portugais sont basanés; mais ceux de Prague, dit-il, pas plus que les autres habitans de la Bohême (3) : effectivement ils sont moins foncés de couleur que les Juifs portugais. Cependant il est faux qu'ils ayent la blancheur des Indigenes. J'en appelle à l'inspection & au témoignage d'un bon observateur qui vient d'écrire (M. Mallet); après avoir remarqué que le soleil noircit plus aisément les hommes blonds, que le froid ne blanchit les bruns, supposé même que le froid ait ce pouvoir, il cite en preuve les Juifs du Nord, qui depuis long-temps y demeurent sans ressembler aux habitans (4). Rien de plus rare que des Juifs au teint clair. Quelques-uns sont roux, presque tous bruns, avec des cheveux crépus qui rappellent leur origine des contrées méridionales. Quant à la stature, ils ne passent gueres la moyenne. Presque tous ont la barbe rare, marque ordinaire des tempéramens efféminés ; & communément leurs femmes sans corpulence sont, dit-on, sujettes aux fleurs blanches & ont la vue foible : ce qui pourroit provenir de leur peu de communication au-dehors.

On ajoute que les Juifs sont cacochymes & très-sujets aux maladies qui indiquent corruption dans la masse du sang, comme autrefois la lepre & aujourd'hui le scorbut, qui a tant d'affinité avec elle (5), les scrophules, le flux de sang, &c. Si à leur témoignage on joint l'aveu d'Abrabanel (6), on sera fort tenté de croire que les hémorrhoïdes sont endémiques chez eux. Et comme cette maladie a quelquefois des retours périodiques, divers écrivains ont conclu très-sérieusement que les Juifs étoient soumis aux révolutions menstruelles (7). Cardoso cite & réfute divers Auteurs qui ont débité les mêmes sottises (8).

On prétend aussi que les Juifs exhalent constamment une mauvaise odeur. Cette opinion n'est pas nouvelle : on la trouve fréquemment dans les Auteurs anciens ; & les mêmes accusations, répétées dans tous les âges, ont perpétué le même préjugé (9). Ramazzini, dans son traité des *maladies des Artisans*, a inséré un chapitre sur celles des Juifs. Il ne doute pas qu'ils ne répandiſſent une très-bonne odeur, lorſqu'ils vivoient dans la ſplendeur à Jéruſalem, & il aſſure pour cauſe de leur fétidité prétendue, & de leur pâleur plus réelle, leurs occupations, comme la fripperie & la pauvreté, *quia ſint illis anguſtæ domus & res anguſta domi.* D'autres attribuent ces effets à l'uſage fréquent des légumes dont l'odeur eſt pénétrante, comme l'oignon & l'ail : quelques-uns à la viande de bouc ; & d'autres enfin prétendent que la chair d'oye, pour laquelle ils ont un goût décidé, les rend atrabilaires & livides, attendu que cette nourriture abonde en ſucs groſſiers & viſqueux (10).

Nous admettons l'influence de ces cauſes particulieres ſur le tempérament ; mais les inductions qu'on en tire ne ſont pas ſatisfaiſantes. Qui croira, par exemple, que la fripperie ſuffit pour plomber le teint ? Les habitans de la rue Tire-chape, à Paris, ou du Marché aux guenilles de Straſbourg ſont-ils moins colorés que ceux des rues voiſines ? D'ailleurs les Juifs ne ſont pas tous pauvres & frippiers, & l'uſage de Metz qu'on vient de mentionner n'eſt pas général. M. Venel, après avoir remarqué que l'épilepſie eſt commune chez eux, que la plupart paroiſſent vieux de bonne heure, & parviennent rarement à un âge avancé, prétend que leurs ablutions contribuent beaucoup à leur énerver le tempérament (11). On peut lui répondre que l'ufage journalier des bains n'avoit point amolli les Romains; que les Turcs, foumis dans ce genre à plus de cérémonies légales que les Juifs, ne font pas fi efféminés, & que d'ailleurs les ablutions froides, telles qu'elles font ufitées chez ces mêmes Juifs, loin d'efféminer le tempérament, devroient le fortifier & donner aux mufcles plus d'élafticité.

Peut-être rencontrerons-nous mieux, en affignant diverfes caufes dont l'action réunie peut abbâtardir la figure, & lui imprimer le fceau de la dégradation. Telles font,

1°. La mal-propreté, qui, à certains égards, eft légale en temps de deuil, & qui eft une fource conftante de maladies cutanées, fi communes chez les Juifs (12). Cependant leurs ablutions devroient, nous dit-on, produire un effet contraire. D'accord : mais obfervez que ces ablutions, moins fréquentes qu'on ne les fuppofe, font un joug auquel le Juif eft foumis, & non une précaution de fanté : rarement font-elles adminiftrées d'une maniere utile, & leur effet eft nul tant qu'on n'y fait pas concourir la propreté des meubles, des linges, des alimens, le renouvellement de l'air, &c.

2°,

2°. Leur genre de nourriture, plus convenable au climat de la Palestine qu'au nôtre; car, indépendamment des raisons religieuses & morales, l'abstinence de certains alimens, telle que la prescrit Moyse, est souvent justifiée par la connoissance du climat, comme le prouve, après tant d'autres, M. Bagard (13).

3°. L'usage d'alimens mal choisis, mal pré-préparés. Il est d'expérience que cette cause fait promptement dégénérer l'espece humaine, & l'autorité de M. de Buffon donne à cette assertion un nouveau poids (14) : or il est certain que par crainte de manger du sang, les Juifs l'expriment presqu'entièrement des viandes, & leur enlevent par-là beaucoup de suc nourricier. On assure qu'en certains pays ils salent peu, leurs mets doivent avoir alors une qualité mal-saine, & rendre les digestions laborieuses; car on sait combien l'usage du sel a d'heureuses influences sur l'économie animale.

4°. Le défaut de croisement dans l'espece qui abâtardit les races, & dégrade la beauté des individus : mais s'il est vrai, comme l'assure Vaudermande (15), que la défense de s'épouser entre frere & sœur ait été chez les anciens législateurs le sel de la plus haute politique, je croirois cette politique fondée sur l'idée de multiplier les rapports moraux entre les hommes, & d'étendre leur bienveillance, plutôt que sur des expériences physiques. Quoi qu'il en soit, les alliances entre consanguins ne perfectionnent pas l'espece; c'est une vérité sur laquelle on ne peut que répéter : c'est ce qui a opéré la dégradation physique des Parsis en Orient, & des Juifs par-tout. Répandus, souvent en petit nombre, dans un même lieu, ils se dispensent de courir au loin pour former des alliances; ils s'épousent au second degré, & c'est presque toujours le même sang qui circule dans des familles différentes. J'ajoute, en confirmation de cette these, un fait que l'on vient de me donner pour sûr : c'est qu'à Salenci l'habitude de ne pas chercher des épouses hors de cet asyle de la vertu, a fait dégénérer les races.

5°. Une cinquieme cause, c'est l'usage général de se marier fort jeune. Cet usage nuisible aux deux sexes qu'il énerve, procure des grossesses prématurées, qui, selon le même M. Venel, n'étant pas dans l'ordre de la nature, affoiblissent la mere & son fruit. Cette vérité, renouvellée constamment sous nos yeux, réfute ceux qui croyent que l'époque de la nubilité & celle de la puberté sont identiques, & que les mariages hâtifs sont dans l'ordre naturel. Joignons nos réflexions à celles de l'auteur qu'on vient de citer, & portons les choses à l'évidence.

On a donné dans l'erreur pour avoir confondu la nubilité avec la fécondité : celle-ci n'eſt que la faculté de produire un être de ſon eſpece. On ſait qu'elle s'annonce communément chez les perſonnes du ſexe, par l'établiſſement de l'évacuation périodique, qui, peut-être, n'eſt pas une inſtitution de la nature, car ce problême n'eſt point encore réſolu (16), & par des phénomenes communs aux deux ſexes. Mais la nubilité établit de plus des rapports moraux entre l'homme & la femme ; elle exige donc l'aſſemblage des qualités propres à remplir dans toute leur étendue les devoirs paternels & maternels ; elle ſuppoſe donc que les qualités morales ſont développées à l'égal des facultés phyſiques, & que, pour faire éclore celles-ci, on n'a pas forcé la marche progreſſive du tempérament, ſans quoi l'ouvrage avorté reſſembleroit à ces fruits dont la maturité contrainte n'offre jamais cette ſaveur exquiſe que leur donne la nature. Si la fécondité atteſtoit qu'une perſonne eſt nubile, il faudroit en conclure que les Indiennes ſouvent fécondes dès l'âge de huit à neuf ans ont dès-lors toute l'aptitude requiſe aux fonctions de la maternité. L'exiſtence du tribut périodique ne fixe pas l'époque de la fécondité : il s'établit quelquefois à un an, & des meres en ſont exemptes toute leur vie. Par la même raiſon, les filles valétudinaires des villes ſeroient plus propres au mariage que les robuſtes campagnardes, attendu que chez celles-ci l'éruption des phénomenes de la puberté eſt plus tardive que chez les premieres.

Mais, dira-t-on, ſi la fécondité précede la nubilité, comment juſtifier la nature? Auroit-elle doué l'homme d'une faculté qui pourroit quelquefois en devenir le tyran, parce qu'elle exiſteroit antérieurement au temps où il doit en faire uſage? N'outrageons pas la nature, c'eſt-à-dire, ſon auteur, en la chargeant de nos torts; l'empreinte de ſa main eſt encore gravée ſur ſon plus bel ouvrage : mais nos conventions ſociales en ont bien altéré les traits. Nulle part on n'a réglé les principes de l'éducation & le développement des connoiſſances ſur celui des deux ſubſtances dont l'homme eſt compoſé. Et delà qu'arrive-t-il? que ſouvent l'eſprit a déja trente ans, tandis que le corps n'en a que dix, en ſorte qu'une imagination précoce ſouffle dans un cœur enfantin le feu des paſſions, & l'embraſe. Les progrès du mal ſont encore plus marqués chez les jeunes gens qui uſent d'alimens très-ſubſtantiels & recherchés. Le ſuc nourricier, trop abondant, s'ouvre de nouvelles routes, & accélere une puberté factice qui eſt le fruit des abus, différente de la puberté naturelle que cette qualification même dit être l'ouvrage de la nature. Voilà pourquoi les deux ſexes atteignent plutôt cette époque dans les villes où le luxe établit ſon empire, que dans les campagnes où regne plus de frugalité, où l'on eſt plus voiſin de la nature.

Il paroît bien évident que dans l'ordre établi par le Créateur, ces deux époques n'étant qu'une ne doivent jamais précéder l'entier développement de la ſtature des organes & de la raiſon; parce que (ſuivant la remarque judicieuſe d'un auteur) la nature ne s'occupe de l'eſpece qu'après avoir formé l'individu. Mais ne nous laſſons pas de répéter que cet ordre eſt préſentement interverti, parce que l'homme dénature tout, & ſi la puberté ſe déclare prématurément, ne conſommons pas le dépériſſement de la race humaine par des mariages trop hâtifs.

Cette digreſſion n'eſt point étrangere à notre ſujet. Il étoit eſſentiel d'attaquer un préjugé dont les funeſtes effets ne ſe font que trop ſentir chez les Juifs. Ajoutons que leurs femmes ſont conſtamment énervées par une vie ſédentaire; que la plupart des hommes ſont dans le même cas; que les autres, livrés à un ſort errant qui n'exerce que les jambes, n'ont jamais les bras nerveux de nos cultivateurs. Cette dégradation phyſique, jointe à la misere d'une partie de ce peuple s'opposeroit à sa population, si des causes infiniment supérieures ne la favorisoient.

CHAPITRE VIII.

Population prodigieuse du peuple Juif. Quelles en sont les causes.

LA population juive sous David est évaluée à près de sept millions par M. Wallau (1), & son apperçu paroît admirable : mais ne se trompe-t-il pas en assurant que le nombre des Juifs actuels est aussi grand que dans l'âge le plus brillant de leur existence en Palestine ? Ce calcul paroît outré comme la plupart de ceux qui sont relatifs à la population. Michaëlis dit qu'en Allemagne l'opinion commune est d'admettre cinq millions de Juifs existant sur le globe (2) ; & cette assertion se rapproche de la vérité.

Si nous voulons rassembler des probabilités sur cette question, ne consultons pas les ouvrages des Juifs, & sur-tout ceux de Benjamin de Tudele & d'Orobio ; ils ont toujours exagéré le nombre de leurs freres, pour se donner à nos yeux le relief d'une nation florissante jusques dans sa dispersion. C'est sans doute par ce motif que dans le siecle dernier, Lurrati, rabbin de Venise, suivi en cela par Lancelot & Addisson (3), portoit à plusieurs millions les Juifs répandus dans l'empire turc, tandis que toutes les présomptions établissent un nombre bien inférieur. Un auteur qui vient d'écrire (4), trouve en Europe un million quarante-huit mille & tant de Juifs. Cette approximation paroît probable, quoique cet écrivain, ou M. Brindel son garant, ait erré en assemblant les élémens de son calcul: il compte deux fois les Hébreux d'Alsace & chaque fois d'une maniere fautive. Jean-Jacques Schadt, mort en 1722, s'est également trompé en comptant plusieurs millions de Juifs dans les seuls pays de la Barbarie & de la Mauritanie (5). Basnage, contemporain de Schadt, mais appréciateur plus exact, réduisoit à trois millions le nombre des Juifs, & il appuyoit son assertion de raisons plausibles (6). Depuis cette époque, c'est-à-dire, depuis le commencement de notre siecle, ils n'ont éprouvé aucune révolution sanglante, & l'on peut augmenter ce nombre de moitié, ce qui donneroit quatre millions cinq cent mille personnes: la lecture de ce qui suit rendra ce calcul vraisemblable.

Un littérateur de Strasbourg (7) prétend qu'un siecle suffit pour entripler le nombre, & la province qu'il habite en fournit une preuve (8). En 1689 on ne comptoit en Alſace que cinq cent quatre-vingt-ſept familles juives; en 1716 il y en avoit treize cent quarante-huit, & en 1761 le nombre étoit de trois mille quarante-cinq (9). Suppoſons (& l'hypotheſe eſt forte) que dans ce laps de temps quatre cents familles nouvelles y ayent été attirées par la douceur du Gouvernement françois ou par l'avarice des Seigneurs qui pouvoient admettre les Juifs étrangers avant les Lettres-patentes de 1784, & à qui les Juifs admis payent encore droit de protection; déduction faite des nouveaux venus, on trouve encore une multiplication quadruplée dans le cours de ſoixante-douze ans, tandis que M. Moheau trouve à peine un neuvieme d'augmentation ſur la population françoiſe dans la révolution de ſoixante-quatorze ans (10). On remarque également ailleurs cette multiplication prodigieuſe du peuple Juif, c'eſt une vérité dont il faut développer la cauſe.

Nous n'irons pas avec quelques auteurs la chercher dans la permiſſion du divorce & de la polygamie. Le divorce eſt rare chez eux; il eſt ſoumis à des formalités longues qui amenent ſouvent le repentir. La polygamie n'a plus lieu, excepté peut-être dans quelques coins de l'Orient, & l'effet réſultant de cette double liberté eſt trop foible pour entrer en ligne de compte.

A vingt ans un Juif sans femme est censé vivre dans le libertinage. Nous avons remarqué que l'usage de se marier trop tôt énerve les individus; ainsi les principes de la reproduction étant constamment affoiblis dans des corps efféminés, les Juifs ne transmettront point à leur race une vigueur dont eux-mêmes ne sont pas doués; & s'il faut reconnoître des maux héréditaires, leurs enfans naîtront avec le germe des maladies cutanées qui doivent cependant avoir un avantage, celui de les soustraire à l'invasion de plusieurs autres, parce que les premieres font sur les corps la fonction de cauteres & d'exutoires (11); mais les principes reproductifs auront encore assez d'énergie pour se développer de maniere que numériquement la population n'y perdra pas. D'ailleurs ceux qui connoissent leurs observances légales relatives au mariage savent qu'elles sont sagement combinées, également conformes aux loix de la physique & de la décence; elles économisent les ressources de la nature, & les réserve chez les deux sexes pour les instans les plus favorables à la propagation (12). Après l'enfantement leurs femmes daignent encore se souvenir qu'elles sont meres, & l'usage respectable d'allaiter elles-mêmes vient à l'appui des autres causes.

Parmi nous la pauvreté empêche un grand nombre d'unions. Chez les Juifs le mariage sert de consolation à la misere, & remplace la privation des agrémens de la vie. De tous les hommes les Juifs sont les plus ardens à multiplier, & l'espérance de voir le Messie sortir de leur race, les rend encore plus exacts à remplir le précepte qu'ils croyent imposé dans la Genese. Chez nous, dans les classes opulentes de la société, & même dans celles d'une aisance médiocre, un luxe déprédateur, la vanité ou le crime arrêtent souvent les progrès de la population. Chez eux une famille nombreuse est réputée un gage honorable des bénédictions du Ciel.

Il est de fait que les Juifs recherchent le poisson; & s'il est vrai, comme l'assure Montesquieu, que cet aliment contienne & transmette beaucoup de principes prolifiques, son observation sur les villes maritimes (13) pourroit s'appliquer aux Hébreux. Nous avons loué leur sévérité de mœurs, qui, jointe à leur frugalité, à leur éloignement du luxe, tourne encore au profit de la population. Les mêmes causes qui la favorisent servent à la conserver; sans quoi la nation se fut éteinte par les massacres répétés qu'on en a faits dans tous les siecles. Quel sera donc dans cent ans l'accroissement d'un peuple chez qui la stérilité est un opprobre, qui abhorre le célibat comme un état maudit, & réprouve le veuvage, qui, exempt de porter les armes, s'exempte encore des dangers de la mer (14), d'un peuple dont l'existence est respectée par tous les gouvernemens actuels de l'Europe, & dont les individus livrés à un genre de vie assez uniforme, éprouvent très-rarement les crises violentes, qui chez les autres nations ruinent souvent les santés les plus robustes, si l'on ne met vîte la main à l'œuvre pour les régénérer. L'avenir justifiera peut-être les prédictions sinistres de M. Mercier (15); & les Etats en proie à des troubles intestins opérés par un peuple devenu trop nombreux, expieront un jour leur négligence (16).

CHAPITRE IX.

Danger de tolérer les Juifs tels qu'ils sont, à cause de leur population.

ON répete sans cesse qu'une population nombreuse est une source de prospérité pour un Etat : discutons ce principe ; &, supposé qu'il soit admissible, voyons si la population juive n'y fait pas exception. Les avantages n'en peuvent jamais être que relatifs à la facilité de se nourrir

& au besoin de se défendre. C'est peut-être faute de s'entendre qu'on a tant disputé sur cette matiere. On m'accordera sans doute que la prospérité d'un Etat se compose de celle de ses membres ; d'où je pourrois conclure qu'un Royaume, dont les citoyens auroient nécessaire & superflu, seroit un état florissant, n'eût-il qu'une population très-bornée. Il faut cependant convenir que, dans l'état actuel des choses humaines, rien ne garantiroit la stabilité de ce bonheur ; il suffiroit pour le troubler, qu'un Monarque voisin, tourmenté par la démangeaison de la vanité, ou par la rage des conquêtes, envoyât contre un peuple paisible des armées formidables auxquelles on ne pourroit opposer que des forces inégales ; le carnage termineroit les maux d'une partie de cette nation, & l'autre seroit contrainte de recevoir des fers. Tant que les hommes seront altérés de sang, ou plutôt, tant que la plupart des Gouvernemens n'auront pas de morale, que la politique sera l'art de fourber, que les peuples, méconnoissant leurs vrais intérêts, attacheront une sotte importance au métier de Spadassin, & se laisseront conduire aveuglément à la boucherie avec une résignation moutonniere, presque toujours pour servir de piedestal à la vanité, presque jamais pour venger les droits de l'humanité,

& faire un pas vers le bonheur & la vertu, la nation la plus floriſſante ſera celle qui aura plus de facilité pour égorger les autres.

Sous ce point de vue une population nombreuſe peut aſſurer la félicité publique; mais il faut au moins ſuppoſer qu'on peut nourrir tous les individus. L'Etat tire ſes comeſtibles de ſon ſein ou de l'étranger; cette alternative l'expoſe aux refus de la nature ou de ſes voiſins, & ſa ſouffrance augmente en proportion du nombre de ſes ſujets. On ne peut donc prévenir les diſettes, qu'autant qu'il y aura toujours un nombre ſuffiſant d'hommes occupés à procurer les denrées de premiere néceſſité; & tandis qu'avec raiſon le luxe eſt accuſé d'enlever beaucoup de bras aux campagnes, nous conſervons chez nous une nation à qui nous interdiſons l'agriculture, une nation qui conſomme ſans reproduire, & qui jamais ne remplira les vides de ſa conſommation par ſon commerce de détail. Ainſi les Juifs n'ayant pas la permiſſion de nourrir la patrie, ni de la défendre, deviendront tous les jours plus nuiſibles. Il eſt vrai que la population parvenue à certain terme, s'arrête; les bornes en ſont marquées par la nature du gouvernement civil & religieux ſous lequel on vit, par l'étendue du pays qu'on occupe, par la fertilité du fol qu'on cultive : la multiplication des hommes fe proportionne à la facilité de fe procurer des établiffemens, des fubfiftances: c'eft d'après ces principes que la population juive eft dans le cas d'aller plus loin que la nôtre. Nous avons vu avec quelle facilité ils pullulent; & comme ils rendent par-tout les cultivateurs tributaires, les objets de confommation premiere pafferont d'abord en leurs mains, & leur population continuera d'étendre fes rameaux. Ce font donc des plantes parafites qui rongent la fubftance de l'arbre auquel elles s'attachent, & qui pourroient enfin l'épuifer, le détruire.

Pour empêcher cette multiplication exorbitante, divers légiflateurs ont mis des obftacles à leurs mariages. Les Lettres-patentes de 1784, concernant ceux d'Alface, leur défendent d'en contracter fans permiffion. Un Edit de Pruffe, en 1722, avoit ftatué même chofe, en les foumettant à payer un droit au tréfor militaire, lorfqu'on leur accorderoit la permiffion d'époufer. Dans les territoires du Culembach & dans la Heffe, on a reculé leurs mariages jufqu'à des époques tardives, l'âge de vingt ans pour les filles, & de vingt-quatre pour les garçons. Le nombre des Juifs étant déterminé, un feul des enfans peut remplacer le pere mort, les autres n'ont pas droit d'exiſter ſur le ſol qui les vit naître (1). Ces défenſes ſont des attentats contre la nature, qui les déſavoueroit même dans le ſilence des paſſions.

Mais lorſque les Juifs, devenus trop nombreux, inonderont, infeſteront le pays, qu'en fera-t-on? C'eſt ce que n'examine pas un publiciſte allemand, qui, dans un ſtyle prolixe, a délayé beaucoup de raiſonnemens faux ſur les Juifs (2). Et cependant, quand on fait des *inſtitutions politiques*, il paroît aſſez convenable de traiter une queſtion politique de cette nature. Lorſque le mal ſera parvenu à ſon comble, on reviendra peut-être à l'expédient uſité tant de fois : celui de les chaſſer. Seroit-ce donc un crime d'examiner la juſtice de ce traitement? Les meilleures raiſons ne prévaudront jamais contre le droit de force ; mais peut-être que le droit des brutes ne ſera pas toujours celui des hommes.

Si l'Allemagne, par exemple, bannit tous ſes Juifs, & qu'à l'imitation des autres puiſſances, nous refuſions de recevoir ces malheureux, ils ſeront donc forcés de ſe précipiter dans le Rhin, parce qu'ils n'auront pas ſeulement la liberté de gémir ſur les rives de ce fleuve. Nos ancêtres ont ouvert des aſyles aux ancêtres des Juifs actuels; mais cette grace, à l'égard des peres, n'a pas empêché les enfans d'acquérir un droit; .... droit imprescriptible, comme celui d'émigrer, lorsque ne trouvant pas le bonheur sur le sol natal, on peut, sans blesser les droits de la société générale, l'abandonner pour chercher ailleurs une terre hospitaliere. Je ne connois point d'homme pour qui la terre n'ait été créée; & si, après avoir vécu sous la protection des loix, après avoir rempli les devoirs qu'elles imposent dans la terre où j'ai vu le jour, je n'y ai pas acquis le droit de patrie, qu'on me dise ce qu'il faut faire pour l'obtenir.

Mais les crimes des Juifs, leurs usures... Eh bien leurs usures sans contredit doivent être réprimées; mais le droit de punir les coupables, n'est pas celui de les bannir. Et par quel droit en effet mettrois-je un voleur dans le cas de prendre la bourse des autres, de peur qu'il ne m'arrachât la mienne? Par quel droit enverrions-nous dans les Etats voisins des bandits qui infesteroient le nôtre, & qui retraceroient ailleurs la scene de leurs crimes. La peine du ban est encore un de ces usages également anciens & barbares ainsi que le droit d'aubaine: mais il en sera sans doute de celui-là comme de la torture, nous autres françois serons les premiers à dévoiler l'abus, les derniers à le réformer.

CHAPITRE

CHAPITRE X.

Danger de tolérer les Juifs tels qu'ils sont, à cause de leur aversion pour les autres peuples, & de leur morale relâchée.

UN Savant estimable (1), voulant justifier la morale des Juifs, nous observe que le principal livre de leur religion est la loi de Moyse, & qu'avec eux nous vénérons ce livre sacré. La maniere dont M. Dolun veut justifier les Juifs, ne peut convenir qu'aux troupes foibles & dispersées des Caraïtes qui sont ennemis déclarés des traditions orales, & qui, par cette raison, ont pour ennemis déclarés les Rabbanistes. Personne n'ignore que ceux-ci ont altéré la morale de la Bible par l'alliage des rêveries talmudiques, rêveries si révérées, qu'ils comparent la Bible à l'eau, la Misna au vin, & la Gémare à l'hypocras ; ces deux parties forment le Talmud, ce vaste réservoir, j'ai presque dit ce cloaque où sont accumulés les délires de l'esprit humain.

Les Juifs ont des Escobars, & pour le dire en passant, ils ont aussi des Sanchez. Foule de leurs casuistes autorisent, dit-on, la mauvaise foi, les équivoques, les restrictions mentales, l'hypocrisie. Un Rabbin Siméon, décide que si l'idolâtre vous promet la vie à condition de commettre un acte d'idolâtrie, il faut accepter la condition, parce qu'il n'est pas dit : *vous mourrez pour ces loix, mais vous vivrez par elles.* Les parjures ne doivent pas grever leur conscience, puisque Dieu les efface au jour des expiations ; & soit parjure ou autres péchés, ils peuvent s'en décharger aisément en allant au retour de l'année au bord d'un fleuve les jetter sur les poissons (2). Je n'ai garde cependant d'assurer avec un moderne qu'ils s'honorent d'un faux serment comme d'une œuvre méritoire ; j'avoue même que des Rabbins ont argué leurs ouailles sur l'infidélité des paroles. Aben-Ezra voyant combien ce crime étoit commun parmi les Juifs de son temps, le regardoit comme une cause suffisante de la prolongation de leurs malheurs ; mais cet aveu même prouve le relâchement de leur conduite ; & si leur probité n'étoit fort sujette à caution, auroit-on pris tant de précautions, écrit tant de traités, spécialement en Allemagne, sur la maniere de leur faire prêter des sermens qui, malgré cela, sont réputés insuffisans pour faire naître la confiance ?

Mais, ajoute M. Dolun, les opinions relâchées de quelques Rabbins ne doivent pas faire tort à la doctrine des Juifs, prise en général, de même que des idées semblables, avancées par des Théologiens chrétiens, ne doivent pas être mises sur le compte de la sainte doctrine de l'Evangile. Cette comparaison est inexacte. Il y a grande disparité, en ce que les opinions erronées de nos Théologiens n'influeront jamais que sur le cercle étroit de leurs adhérens, au-lieu que les décisions rabbaniques sont irréfragables, puisqu'on doit croire un Rabbin, dit Luther, quand même il assureroit que la main droite est la gauche; & lorsque deux se contredisent, tous deux doivent être réputés raisonnables, & préférés à *Moyse* (3). Plusieurs de nos Théologiens ont avancé des maximes réprouvées par la saine morale; mais ont-ils jamais outragé la raison par des axiomes aussi détestables que ceux qu'on va lire?

Est-il vrai que, selon le Talmud, un Juif doit saluer un Chrétien en le maudissant, & lui souhaiter un bon voyage en ajoutant *in petto*, comme celui de Pharaon dans la mer, ou d'Aman à la potence (4)? Est-il vrai que, selon Maimonides, il faille convertir l'idolâtre ou le tuer? que s'il se noye, il ne faille pas le secourir, & que ce soit lui faire grace que de ne pas le pousser dans le précipice (5)? Le Maimonides est nommé chez eux l'aigle des docteurs, en sorte que depuis Moyse (le législateur), perſonne n'a paru plus grand que Moyſe (Maimonides) Salomon Jarchi ayant décidé qu'il faut briſer la tête de la femme comme celle du ſerpent, explique ſa penſée, & reſtreint ſa dureté aux femmes chrétiennes (6). Baſnage a recueilli pluſieurs déciſions de cet acabit. Un Juif qui vient de lire ces Auteurs, ou qui ouvrant ſon Talmud y trouve le conſeil de tuer le meilleur homme qui ſe trouve chez les nations, pour peu qu'il reſpecte ce livre devenu claſſique chez tous les Rabbaniſtes, ne ſeroit pas loin de.... je n'oſe achever. Baſnage aſſure même, ainſi que Boulanger (7), qu'ils ont érigé en dogme leur haine, & qu'elle va juſqu'à la fureur contre nous. J'aime à croire cependant qu'il ſe ſera trompé, en attribuant aux Juifs cet axiome horrible de quelques têtes forcenées; que celui qui ne nourrit pas ſa haine, & ne ſe venge pas de ſes ennemis, eſt indigne du titre de Rabbin (8).

Les décrétales font foi que jadis, en haine du chriſtianiſme, ils affectoient de paroître en public avec pompe le jour du Vendredi-Saint; il fallut leur défendre de quitter leur demeure ce jour là. Et pour deſcendre à des temps plus voiſins de nous, n'a-t-on pas vu en 1702, le Roi de Pruſſe mettre un inſpecteur chrétien à leurs aſſemblées religieuſes, & lancer contr'eux un Edit foudroyant, pour leur interdire une formule d'imprécation uſitée dans les maiſons & les Synagogues, avec prohibitions, ſous peine d'exil, & même de la tête, de l'enſeigner à leurs enfans? Cette formule imprécatoire étoit : *Wir knien und bükken, uns aber nicht vor dem gehangten Jeſu*, c'eſt-à-dire, *nous nous agenouillons, nous nous proſternons, mais non pas devant ce Jéſus qui a été pendu.*

La ferveur des Juifs incline ſingulièrement au fanatiſme, & leur bile s'émeut lorſqu'un de leurs membres abjure. C'eſt une conſéquence du principe imputé à Maimonides (9), qu'il faut perſécuter juſqu'aux enfers ceux qui abandonnent le judaïſme. Lorſqu'en 1752 Borach Lévi, Juif de Haguenau, fit ſommer juridiquement le Curé de Saint-Sulpice de le baptiſer, après avoir conſtaté ſon deſir, ſa capacité, &c. dans ſa lettre ſupplicatoire à l'Archevêque de Paris, il diſoit : *Si je rejoins les Juifs, je ſuis ſûr d'être empoiſonné* (10). On ſe rappelle encore ce Rabbin Italien qui, voulant ſe faire Chrétien il y a quelques vingt ans, reçut le Baptême de ſang de la main des Juifs. Bien des traits analogues viendroient au beſoin appuyer ceux qu'on vient d'alléguer.

L'averſion des Juifs s'étend aux ſectes ſorties de la même tige qu'eux. L'Evangile atteſte leur haine envenimée contre les Samaritains. Ceux-ci preſqu'éteints, ne peuvent plus gueres être un objet de perſécution, mais ils ſont encore en but à la calomnie des Rabbaniſtes. J'en ai vu ſoutenir la chimere répétée tant de fois, qu'actuellement encore les Samaritains adorent une colombe ſur le Garizim. Il paroît qu'au douzieme ſiecle, les Rabbaniſtes ont fait chaſſer les Caraïtes de l'Eſpagne. Toutes les fois que ceux-ci ont voulu ſe rapprocher d'eux, ils n'en ont reçu que des outrages (11). Un Caraïte venu à Francfort, eût été aſſommé, ſi Ludolph ne l'avoit ſouſtrait à la fureur de la Synagogue (12). La haine eſt au point que ſi un Caraïte & un Chrétien ſe noyoient ſimultanément, un Rabbaniſte doit faire un pont avec le corps du Caraïte pour ſauver le Chrétien (13). Des uſages parfaitement indifférens, & des petiteſſes orgueilleuſes, ont fait éclater la diviſion entre les Rabbaniſtes même. Amſterdam & Londres ont vu quelquefois des ſcenes ſcandaleuſes enfantées par l'antipathie des Nations allemande & portugaiſe, & récemment encore, une Juive de Berlin ayant épouſé un Médecin de la Nation portugaiſe, les parens de cette fille en porterent le deuil, comme d'une perſonne décédée (14). Que conclure de ce qu'on vient de lire? Qu'il faut chaſſer les Juifs, les détruire : non ! cela prouve plus démonſtrativement encore combien il eſt eſſentiel de régénérer ce peuple. Un honnête homme de plus ou de moins n'eſt pas peu de choſe dans la ſociété, & voilà quatre à cinq millions de Juifs épars ſur le globe, nous en avons près de quarante mille en France ; leur éducation rectifiée intéreſſe les peuples & la morale.

Il faut avouer toutefois que la douceur des Gouvernemens modernes a un peu calmé leur effervescence religieuſe, & mitigé leur haine contre nous. Cette morale d'une théorie féroce, dont on vient de préſenter des échantillons, eſt rarement celle de leur conduite ; mais dans l'hypotheſe même qu'ils la pratiquent, lecteurs, répétons avec larmes ce qu'on a dit plus haut. Voilà notre ouvrage, à leur place nous euſſions été tels, peut-être pires.

CHAPITRE XI.

Danger de tolérer les Juifs tels qu'ils ſont, à cauſe de leur commerce & de leurs uſûres.

L'HISTOIRE de Verdun offre un fait d'une ſingularité frappante. En 1434, les habitans ayant envoyé leurs députés au Concile de Baſle, ils préſenterent requête pour expoſer qu'étant limitrophes d'un pays ſouvent dévaſté par la guerre, il leur fût permis d'admettre dans leur cité pauvre, des Juifs qui, par leur induſtrie, puſſent la vivifier & y amener l'aiſance. Cette requête, dit Waſſebourg (1), fut agitée & rejetée bien rigoureuſement. Les Juifs pouvoient-ils réaliſer les deſirs de cette Ville, ou les Verdunois avoient-ils mal ſpéculé? c'eſt ce que nous n'examinerons pas; mais il eſt au moins très-douteux qu'aucune ville deſirât préſentement leur admiſſion. Dans nos villes maritimes & ailleurs, les Juifs utiles au commerce y jettent de l'intérêt, de l'activité; mais convenons qu'ils y jettent auſſi de la défiance, en altérant cette bonne foi qui en fait l'ame. S'ils favoriſent le libertinage des fils de famille, s'ils corrompent la probité nationale, tous ces maux proviennent de ce qu'ils ſont excluſivement livrés au commerce. Ce genre d'occupations faiſant circuler abondamment en leurs mains des eſpeces monnoyées, leur donne la facilité d'exercer l'uſure, & d'altérer la valeur du numéraire (2). D'ailleurs le commerce les met en relation avec un grand nombre de citoyens; nouveau moyen pour tramer des manœuvres ſourdes, conſommer des marchés frauduleux, & répandre plus efficacement leur maligne influence.

Léon de Modene, a tenté de juſtifier ſa nation ſur l'article de l'uſure, en alléguant les défenſes portées dans le Pentateuque (3); c'eſt une ſinguliere apologie que de citer le texte d'une loi, pour prouver qu'on ne l'a pas enfreinte. Qui ne ſait, au contraire, que les livres ſaints ont ſervi de prétexte aux brigandages des Juifs, & qu'appuyés ſur un paſſage du Deutéronome (4), commenté par la cupidité, ils ont étendu par-tout la terre de Chanaan, pour avoir droit de trouver par-tout des Ammonites & des Philiſtins? D'ailleurs toujours préoccupés de l'idée d'un Meſſie qui doit leur ſoumettre l'univers, ils ont cru, ſans doute, que leurs profits uſuraires n'étoient qu'une légere anticipation ſur ſes conquêtes. On aſſure que bien des Synagogues empruntent à gros intérêts, parce qu'elles ont la certitude d'un profit clair, en prêtant enſuite elles-mêmes à intérêts plus forts. Auſſi Toſtat (5), & avec lui une foule d'Auteurs, prétendent que les Juifs ne croyent pas pécher en fraudant les Chrétiens. Si l'aſſertion étoit vraie, trouveroit-on de la franchiſe parmi des hommes qui auroient le ſecret de fripponner ſans remords, & qui ne pourroient être honnêtes gens qu'en agiſſant contre leurs principes? La crainte du châtiment ſera donc le ſeul frein qui les arrête; mais le flambeau de la juſtice ne peut pas toujours diſſiper les ténebres dont le crime s'enveloppe. On ſait d'ailleurs que la juſtice eſt auſſi un effet commerçable,

& qui devient, pour certaines gens, une branche d'induſtrie aſſez lucrative. Avec des écus, le Juif achete des protecteurs en crédit qui le couvrent de leurs aîles: & par ce moyen la fourberie devient une maladie contagieuſe qui altere la pureté des mœurs nationales.

Léon de Modene avoue cependant que dans leur état abject chez les Nations, ils ont pu quelquefois dégénérer de l'ancienne probité iſraélitique. Cet aveu eſt quelque choſe; mais il eût encore mieux valu convenir que depuis long-temps ce vice a gangrené le peuple hébreu. C'eſt par là qu'il s'eſt avili; car la nobleſſe des ſentimens, la vivacité du génie & l'avarice, ſont trois choſes inaliables. Cet Auteur n'a pas ſaiſi le côté favorable pour faire l'apologie des Juifs, c'étoit de prouver que leurs uſures ſont une ſuite immédiate & néceſſaire de l'oppreſſion ſous laquelle ils gémiſſent, que le comble de l'inconſéquence eſt de leur reprocher des crimes après les avoir forcés à les commettre; & ce qu'un Rabbin n'a point tenté, un Prêtre catholique eſpere l'exécuter avec ſuccès. Le public ne verra pas, ſans intérêt, un Miniſtre de l'Egliſe catholique ſe faire l'Avocat des plus grands ennemis de ſa religion.

Pokoke, voyageur anglois, ſurpris de trouver peu de Juifs dans l'iſle de Scio, en demanda la raiſon aux habitans : Nous ſommes, lui dirent-ils, trop fins pour eux (6). Pierre-le-Grand, ſupplié d'admettre les Juifs dans ſes Etats, où l'on en trouve préſentement, répondit à l'interceſſeur: félicitez-les de mon refus, ils ſont frippons, mais les Ruſſes le ſont encore plus, ils leur dameroient le pion. On peut révoquer en doute les aſſertions de Sciotes & du Czar. Perſonne n'a porté plus loin que les Juifs l'art de ruſer, & d'épier le malheur, pour tomber lâchement ſur les victimes. Au moment où l'on ſe flatte d'avoir dévoilé toutes les reſſources de leur brigandage, ils vous précipitent dans de nouveaux pieges.

Un débiteur ne peut, à l'époque convenue, liquider ſa dette; pour éviter des pourſuites ruineuſes, il ſera forcé d'acheter, à valeur triple, un cheval qui n'a plus de prix que pour le Tanneur: ce débiteur vient enſuite apporter la ſomme; tantôt, ſous le maſque d'une bonté infernale, on lui dit que la choſe n'eſt pas preſſée, afin qu'employant ailleurs ſon argent, on puiſſe l'aſſigner au dépourvu, & le vexer; tantôt on lui rend une créance copiée ſur la ſienne, avec un artifice capable de ſoutenir la vérification, & d'en impoſer aux plus experts. C'eſt là votre promeſſe? Oui. Vous aurez du plaiſir à la voir brûler? On la jette au feu : le débiteur part ſe croyant libéré, & quelques temps après on lui produit en justice la créance originale. Le moyen d'éviter la surprise en pareil cas, seroit de statuer que le Juif, en rendant le billet pardevant deux témoins, donneroit encore quittance. Je dis pardevant témoins, car s'il avoit la funeste adresse de varier sa maniere d'écrire, il donneroit à ses caracteres des formes éloignées de son écriture habituelle, & la quittance seroit arguée de faux.

Si les Juifs payent au Souverain des taxes considérables, ils savent bien s'en dédommager sur les classes les plus pauvres de la société, & l'impôt qu'ils fournissent à l'Etat est un véritable impôt sur le peuple. Ils font des avances aux Cultivateurs, en leur laissant des bestiaux à crédit, en leur prêtant de l'argent pour acheter ce qui constitue le train du labourage; c'est une bienfaisance meurtriere qui sustente un moment des victimes, pour usurper le droit de les dévorer. Et graces à la probité du peuple hébreu, on sait ce que signifie l'expression vulgaire : *être entre les mains des Juifs.* Livrés au maquignonage, ils ont le talent funeste de donner à des chevaux ruinés, une jeunesse empruntée, une vigueur factice qui trompent les plus clair-voyans, & remarquez qu'en cela, comme dans toutes les especes de ventes, presque toujours ils surfont de moitié; tant il est vrai qu'il ne leur manque que des dupes pour faire payer les choſes au double de leur valeur.

Comme il faut diſcuter à charge & à décharge, nous nous hâtons de dire que cependant les Juifs de Metz ont rendu deux fois des ſervices importans à la province. Dans la guerre qui finit par le traité de Riſvick, ils firent venir d'Allemagne des chevaux pour la cavalerie, malgré les défenſes, ſous peine de la vie, d'en faire paſſer en France. En 1698, la modicité des recoltes faiſant appréhender la diſette, ils tirerent des grains de Francfort, & ramenerent l'abondance dans la Province. On pourroit objecter qu'ils y trouvoient leur avantage par les bénéfices de la vente, & nous répondrions alors que ſouvent il faut tenir compte aux humains de leurs bonnes actions, ſans trop apprécier le motif qui les inſpire; mais ici la bonne œuvre fut dégagée, dit-on, de vues intéreſſées, puiſquils firent le ſacrifice de 30,000 liv. ſur le prix de leurs achats (7).

Après des citations auxquelles le cœur ſe complait, il faut revenir à des ſcenes déchirantes. Peut-on, par exemple, fermer les yeux ſur le tort que les Juifs font à la jeuneſſe, en favoriſant le libertinage par des prêts uſuraires? Que fera cet Officier dont les paſſions vont éclore? cet autre, dont les affaires ſont dérangées par le jeu ou la débauche? L'Israélite se présente à propos, fait sonner les especes, & mesure son gain sur l'embarras de l'emprunteur, & sur les périls de la contravention. L'usurier ne connoît pas le Sénatus-consulte Macédonien, mais il sait très-bien qu'il ne pourra invoquer l'appui des loix qui lui refusent action contre un mineur, & qui défendent si expressément de prêter aux fils de famille. Fallût-il attendre la majorité, ordinairement peu éloignée? à cette époque il trouvera moyen de faire ratifier les dettes antérieures; d'ailleurs les loix civiles n'anéantissent pas celles de mineur; & pour peu qu'un débiteur respecte l'opinion publique, il se libere en cédant, à grande perte, des bijoux, des effets de grand prix, dont, peut-être, depuis long-temps le Juif s'étoit nanti pour s'assurer un paiement. Les parens même s'empressent de contribuer, pour effacer des écarts de jeunesse dont la honte réjailliroit sur eux, & pourroit faire manquer à leur fils un établissement avantageux.

Que deviendra cet honnête Laboureur, ruiné par les Juifs? Son ame est avilie par l'indigence; il n'a plus qu'un pas à faire pour être un scélérat. Egaré par le désespoir, bientôt il franchira cette foible barriere. Si sa femme n'est pas encore morte de chagrin, il faudra bien qu'elle se rende complice de son époux, & les enfans mal élevés, prépareront à la génération ſuivante une race de citoyens pervers.

Habitans infortunés du Sundgaw, répondez, ſi vous en avez encore la force ; cet effrayant tableau n'eſt-il pas celui de l'état auquel pluſieurs Juifs vous ont réduits ? Votre contrée, jadis fertile, & qui enrichiſſoit vos peres, produit à peine un pain groſſier à une foule de leurs neveux, & des créanciers auſſi impitoyables que frippons, vous diſputent encore le prix de vos ſueurs. Avec quoi les cultiveriez-vous déſormais, ces champs dont vous n'avez plus qu'une jouiſſance précaire? Vos beſtiaux, vos inſtrumens d'agriculture ont été vendus pour aſſouvir des viperes, pour acquitter ſeulement une partie des rentes uſuraires accumulées ſur vos têtes. Ne pouvant plus ſolliciter la fécondité de la terre, vous êtes réduits à maudire celle de vos épouſes qui ont donné le jour à des malheureux. On ne vous a laiſſé que des bras deſſéchés par la douleur & la faim; & s'il vous reſte encore des haillons pour atteſter votre miſere, & les baigner de vos larmes, c'eſt que l'uſurier Juif a dédaigné de vous les arracher (8).

Boulainvillier aſſuroit que pendant les guerres du ſiecle dernier, les Juifs avoient été d'un aſſez grand ſecours aux habitans de l'Alſace (9). Nous n'avons garde de contredire un trait ſi honorable;

mais il n'eſt pas moins vrai qu'on pleure d'attendriſſement, qu'on frémit d'indignation à l'aſpect des maux cauſés par des Juifs en cette province. Parcourez-la comme nous, pour vérifier les crimes dont nous venons de tracer une foible ébauche; & ſi vous n'êtes pas féroce, ou digne de l'être, bientôt votre cœur gonflé laiſſera échapper des ſanglots, votre ame s'ouvrira à la pitié, & votre bourſe à l'indigence. Il eſt bien étrange que preſque tous les Journaux ſe ſoient tus ſur les événemens dont cette province a été le théâtre, il y a quelques années, & nous ne ferons que les indiquer à ceux qui les ignorent.

Les Juifs très-multipliés en Alſace, y ont multiplié leurs uſures, & réduit beaucoup de Chrétiens à la mendicité. Une foule d'autres Chrétiens menacés du même ſort, ont uſé de repréſailles, en oppoſant fripponnerie à fripponnerie. Tout à coup le Sundgaw a été inondé de fauſſes quittances ; les Juifs ont crié à l'impoſture, & réclamé la vengeance des loix, ſans diſcontinuer leurs vexations. Cette affaire enviſagée dans toute ſon étendue, offre un myſtere d'iniquité, une œuvre de ténebres qu'il n'eſt ni poſſible ni prudent de trop approfondir. Les foudres de la juſtice n'ont pu écraſer tous les coupables condamnés; les Juifs en les plaignant : plaignons les Chrétiens en les condamnant.

CHAPITRE

CHAPITRE XII.

Comment les Juifs ſont devenus commerçans & uſuriers.

L'ÉTAT politique des Puiſſances européennes, dans le moyen âge, fournit aux Juifs bien des moyens, même légitimes, de s'enrichir. Toutes les reſſources du commerce ſe trouvoient naturellement en leurs mains; car alors, le Clergé mis à part, de quels hommes étoient compoſées les Nations? de Seigneurs & d'Eſclaves. Ceux-là livrés à la diſſipation, à la chaſſe ou aux exploits militaires, ne penſoient pas à bonifier leur fortune par la voie du commerce; ils l'auroient dédaignée, s'ils l'avoient connue : ceux-ci n'avoient ni la facilité de quitter leurs chaumieres pour faire circuler les productions de la nature, ni le deſir de multiplier les jouiſſances des tyrans qui ne leur en laiſſoient aucune. Les Juifs, pour la plupart, étoient ſerfs également; mais n'étant pas attachés à la glebe, ils conſervoient une certaine portion de liberté qui ouvroit carriere à leur induſtrie. Vendre & acheter, furent alors des occupations réſervées preſque excluſivement à eux ſeuls; ils faiſoient tout le commerce de détail, ſur-tout en

Allemagne. On laiſſe à penſer ſi, avec de l'avidité pour le gain, une intelligence qui d'un coup d'œil voyoit les profits à faire, de la facilité pour la correſpondance entr'eux & leurs freres des autres pays, & des occaſions pour faire valoir tous ces moyens, ils durent amaſſer des richeſſes. Leur hiſtoire eſt intimement liée à celle du commerce, dont eux & Veniſe ont rétabli l'eſprit en Europe. Leur génie calculateur fit naître l'art des finances, preſqu'inconnu juſqu'alors, & bientôt la comptabilité paſſa totalement en leurs mains. Auſſi furent-ils preſque par-tout les ſeuls traitans, juſqu'à ce que la Lombardie vômit une nuée de frippons, qui, ſous le nom de Caoſſins ou Corſins (1), vinrent partager les dépouilles des peuples, ſur-tout en France & en Angleterre. Les Rois, armés de toute leur puiſſance, eurent peine à extirper cette vermine qui rongeoit leurs Etats. Les Corſins diſparurent; mais les Juifs, chaſſés tant de fois, eurent toujours le ſecret de rentrer. Pendant leur exil, ils avoient trouvé le moyen de retirer leurs effets, conſignés entre les mains de leurs confidens, par des lettres ſecrettes, & conçues en peu de mots : ils faiſoient valoir ces lettres par l'entremiſe des voyageurs & des Marchands étrangers. Delà nâquirent les lettres de change, choſe inconnue à l'ancienne juriſprudence grecque

& romaine. Fischer fait honneur aux Allemands de cette invention (2). L'auteur de l'instruction sur les lettres de change, l'attribue aux Florentins de la faction Guelphe, lorsque chassés par les Gibelins ils se retirerent en France & dans d'autres lieux de l'Europe. Mais l'histoire dépose du contraire; & selon que le raconte Jean de Villani, dans je ne sais plus quel livre de son ouvrage, les Juifs furent inventeurs des lettres de change & des assurances (3), adoptées ensuite par les Vénitiens & les villes anséatiques; & c'est encore aux Juifs que nous devons l'établissement des banques à Bayonne & à Bordeaux.

Le Juif saisit donc avidement ces moyens divers d'éluder la violence, & de se maintenir par ces biens presqu'invisibles qu'on peut envoyer par-tout, dit un auteur, & qui ne laissent pas de trace. Ils protegent le commerce, & le font fleurir dans tous les coins du globe. Mais cet avantage signalé entraîne un inconvénient: c'est que le Négociant, devenu habitant de l'univers par la facilité de transporter sa fortune qui est dans son porte-feuille, est rarement un patriote zélé.

On sait quand & comment fut créé le tiers-état dans les diverses contrées de l'Europe, & comment fut rétablie la liberté civile, qu'on doit plutôt à l'embarras où la féodalité avoit jeté les Princes, qu'à l'humanité de leurs cœurs. Nous avons déja insinué que les Juifs avoient été en partie cause occasionnelle de l'affranchissement des serfs; nous ajoutons ici une remarque que personne peut-être n'a faite: c'est que cet affranchissement devint une digue qui arrêta souvent les brigandages des Juifs. Les corporations & les communes, aiguillonnées par le desir d'avoir des propriétés, & mises en action par le ressort de la liberté, se livrerent à toutes les spéculations du commerce. Les Chrétiens purent alors traiter en paix avec leurs freres; la bonne foi reparut dans les échanges, & une raison lumineuse, éclairant la marche tortueuse de l'usure, apprit au peuple à se tenir en garde contre les surprises de l'usurier.

Mais si les Juifs, devenus courtiers de toutes les Nations, n'ont plus gueres d'autre idole que l'argent, ni d'autre lepre que l'usure (4); si ces hommes, sans patrie, ont vendu si souvent leur probité au plus offrant, les Gouvernemens doivent s'accuser de les avoir conduits à cet excès, en leur ravissant tous les autres moyens de subsister. Pourquoi ont-ils courbé ce peuple sous le joug de l'oppression la plus dure, en l'accablant d'impôts, au point de lui faire payer l'air infect qu'il respire (5); en lui interdisant l'exercice des arts & métiers, ils ont limité l'objet de son travail, lié ses bras, & par-là l'ont forcé à devenir commerçant. Une preuve sensible de cette vérité, c'est qu'il ne l'est que depuis la dispersion. On parle des flottes marchandes de Salomon, mais on ne peut en citer d'autres; le génie d'un grand Prince les avoit créées, & l'on ne voit aucun de ses successeurs continuer son ouvrage. Il y eut toujours chez les Hébreux peu de circulation, peu d'échanges; leur loi paroît presqu'opposée à l'esprit de commerce (6); & tant qu'ils eurent une forme de gouvernement borné à la culture d'un territoire fertile (7), ils négligerent le commerce, quoiqu'ils habitassent un pays maritime, & pourvu d'excellens ports.

Mais dans le moyen âge, la route du commerce étoit la seule qui leur fût ouverte pour parvenir à la fortune. Les uns ne pouvoient y entrer à raison de vieillesse ou de maladie, les autres ne pouvoient tous y marcher avec un certain éclat, parce qu'il faut pour cela des capitaux considérables, & un crédit qui tranquillise les créanciers; ainsi la plupart étant bornés à un trafic du travail le plus vil, la nécessité les forçoit presque à suppléer par la fourberie au gain modique d'un gain subalterne, parce que, quand on a faim & soif, qu'on est destitué de tout secours, & qu'on entend retentir à ses oreilles les cris touchans d'une famille nombreuse qui implore des secours, il faut voler ou périr. Ceci prouve que loin d'être usités pour le trafic de la campagne, c'est au contraire pour cette partie que les Juifs sont plus dangereux, sur-tout lorsque les ventes & les achats ne se font pas à prix comptant.

Presque toujours on a vu la partie la plus nombreuse de cette Nation se traîner paisiblement sous les lambeaux de la misere, tandis qu'un petit nombre avoit le talent d'accumuler des trésors. Mais ces richesses acquises par des voies odieuses, furent souvent la proie d'une populace effrénée, qui prétextoit le recouvrement de son bien (8). Quand l'orage étoit passé, le même prétexte autorisoit le Juif à des vexations nouvelles, qui donnoient lieu à de nouveaux pillages. Revenu sur la scene, le Juif, suivant l'expression du Cardinal Hugue, contemporain de Saint Louis, sans battre monnoie, d'un sol tournois faisoit un parisis (9); & suivant celle de Chrysippe, dans Lucien, il tiroit (l'anatocisme) l'intérêt de l'intérêt, comme d'une conséquence on en tire une autre, parce qu'il régloit ses usures sur le risque qu'il couroit de perdre tout. Ainsi toujours exposé à la rapacité des peuples & du fisc, il dut s'attacher de préférence à l'argent, qui étant le plus portatif des dons de la fortune, est en même temps représentatif de tous les autres.

Plus d'humanité dans les peuples, plus de ſageſſe dans les gouvernemens, ont rendu moins fréquentes les vexations dont on vient de parler; mais ſouvent, autrefois, on vit les chefs des Nations feindre de les ignorer, pour avoir part aux dépouilles. Que de fois ne les vit-on pas confiſquer les biens des Juifs, & décharger les débiteurs (10)! On a remarqué, ſans doute, que ces traitemens torſionnaires enveloppoient l'innocent avec le coupable, attaquoient eſſentiellement, & ſans raiſon, le droit de propriété; & partant, excédoient les bornes de l'autorité ſouveraine. La Juſtice voulut cependant quelquefois procéder d'une maniere moins illégale; mais en examinant les divers réglemens, portés en différens ſiecles ſur cet objet, on les trouve ſouvent injuſtes, & preſque toujours inutiles.

CHAPITRE XIII.

Moyens employés juſqu'à préſent, pour réprimer les uſures des Juifs. Inſuffiſance de ces moyens.

J'AI lu quelque part, ſans pouvoir me rappeller où, un acte légiſlatif, de je ne ſais quel pays, pour recommander tout bonnement aux Juifs de ne pas acheter des effets volés. L'avis doit paroître étrange, d'autant plus qu'il n'ajoute rien à l'obligation imposée par la loi naturelle, puisqu'il n'inflige aucune peine aux contrevenans. Autant vaudroit, comme certain auteur qui a écrit sur les feux d'artifices, recommander de ne pas incendier les magasins à poudre. Mais une chose plus étrange peut-être, c'est qu'en d'autres pays, les Juifs ayent eu le droit de ne rendre les choses volées, qu'on ne leur rendît le prix. Nous l'apprenons par divers témoignages, & sur-tout d'un Evêque d'Olmutz (1). Un droit encore très-singulier, c'est la permission accordée aux Juifs par les Empereurs Charles V & Ferdinand I (2), & par divers Tribunaux, entr'autres le Parlement de Metz, de percevoir des intérêts plus forts que les Chrétiens (3), tandis que tous les autres Codes législatifs attestent les efforts des deux Puissances pour réprimer leurs usures.

Le quatrieme Concile de Latran, en 1215, voulant les obliger à réparer le tort causé par leurs vexations, leur défend, jusqu'à ce qu'ils ayent satisfait à cette loi, d'avoir aucune communication avec les Chrétiens. D'autres Conciles (4) renouvellerent ces Ordonnances, trop vagues pour être applicables. Un Concile d'Albi, en 1254, un autre de Montpellier, quatre ans après (5), furent beaucoup plus séveres ; ils dispenserent les Chrétiens de payer, pourvu qu'ils juraſſent qu'il y avoit uſure. On n'étoit pas aſſez éclairé en ce temps-là, pour ſentir qu'un tel decret livroit les Juifs à la cupidité de leurs débiteurs, & fourniſſoit des armes à la fripponnerie. Une Aſſemblée tenue à Melun, ſous S. Louis, défendoit abſolument d'emprunter des Juifs (6), & le Souverain Pontife, Paul IV, renouvellant un ſtatut d'un Concile de Friſingue (7), leur ôta la liberté de tirer aucun intérêt. On ſent combien il étoit facile d'éluder ces deux loix, la premiere en traduiſant les emprunts ſous le nom de vente, & la ſeconde en ſtipulant les intérêts comme partie du capital.

Un Edit de l'an 1228, ſous la minorité de S. Louis, avoit déja ordonné que pour dettes contractées envers les Juifs, on dreſſeroit trois exemplaires du billet obligatoire, dont l'un ſeroit remis aux Officiers royaux, un autre au débiteur, & le troiſieme au Juif créancier (8). En Normandie, il fut un temps où les dettes contractées envers les Juifs n'étoient cenſées légitimes que lorſqu'elles avoient été enrégiſtrées par le Bailli, devant lequel les créanciers étoient obligés de citer leurs emprunteurs.

En Heſſe, on leur a défendu (Édits de 1728 & 1748) de prêter, ſous ſeing privé, une ſomme excédant vingt florins. Dans les terres de Darmſtad, on a exigé que l'emprunteur marié, fût accompagné de sa femme; il est défendu, en outre, aux Juifs, sous peine de perdre l'intérêt, de prêter pour un laps de temps plus long que deux ans (9). Toutes ces formalités prescrites ont eu l'effet qu'on en devoit attendre; elles ont approché du but, sans jamais l'atteindre.

Une loi impériale a défendu aux Juifs qui auroient des créances sur des Chrétiens, de les transférer à qui que ce soit, sous peine de perdre la somme. L'auteur, déja cité (10), regrette de voir en désuétude un Edit qu'il appelle fort sage, je ne sais pourquoi, car tout ce qu'il pouvoit produire, étoit de réduire le Juif à faire l'usure pour son compte particulier; & certainement ce n'est pas là enchaîner sa rapacité.

Un Recès de l'Empire, en 1441, ordonne que les actes entre Juifs & Chrétiens seront passés devant le Magistrat; il défend aux premiers les actes sous seing privé, excepté en temps de foire, parce qu'on a supposé qu'en public, la fraude étoit plus difficile: plusieurs Souverains ont adopté cette loi. Ainsi a-t-on vu Louis XV, par une Déclaration de 1733, défendre aux Juifs les billets sous seing privé contre les Chrétiens; ainsi en Lorraine, le bon Prince Léopold, par son Edit du 30 Décembre 1728, défend de commercer avec les Juifs, par billets de cette nature ; ordonne que pour ventes & emprunts on ne s'engagera que par des actes passés devant Notaires, à la vue desquels se fera la tradition des deniers; en cas d'emprunts défend de cumuler l'intérêt avec le capital, &c. En différens pays, ces Ordonnances ont été réitérées cent fois, & violées cent mille fois. L'expérience a réfuté tous ces moyens; & telle que l'hydre de la fable, l'usure renaissoit sans cesse pour faire de nouveaux ravages.

Voilà les principales loix portées en différens pays, en différens siecles, contre l'usure judaïque. Les Princes & les Conciles en ont encore fait de moins importantes, dont l'énumération seroit aussi fastidieuse qu'inutile, & dont l'insuffisance en laisse desirer d'autres. Basnage est choqué que des Conciles reglent des objets qui paroissent hors de leur compétence. Il auroit dû remarquer que dès la seconde race de nos Rois, & en général dans le moyen âge, beaucoup de Conciles, tant en France qu'en Allemagne, étoient des especes d'Assemblées parlementaires où l'on statuoit par le concours des deux Puissances; & d'ailleurs les Princes s'empressoient de confirmer les décrets ecclésiastiques, pour en garantir l'exécution. C'est ainsi que Clotaire II avoit confirmé celui du cinquieme Concile de Paris en 615, qui déſendoit aux Juifs d'intenter aucune action contre les Chrétiens (11). Cette loi, préférable à toutes celles qui l'ont ſuivie, auroit, en grande partie, extirpé l'uſure, ſi on l'avoit exécutée à la rigueur. Le Sénat de Baſle, par un réglement du 11 Décembre 1768, interdit aux Juifs tout trafic de chevaux & de beſtiaux, excepté aux ſeuls jours de marché de la ville, & aux foires du canton; il leur défend, en outre, de faire, en ces jours même, aucun marché à crédit. Le projet qu'on va développer, ſe rapproche de l'eſprit du Concile de Paris, qu'on vient de citer, & de la loi du Magiſtrat de Baſle. Puiſqu'en cette matiere il eſt permis de haſarder ſes idées, nous allons expoſer les nôtres.

CHAPITRE XIV.

Nouveaux moyens propoſés pour réprimer les uſures des Juifs.

QU'EST-CE que l'uſure? L'acception de ce terme n'eſt point encore fixée par une définition admiſe univerſellement, & c'eſt un grand vuide dans notre code moral; c'eſt ce qui éterniſe le combat de la plupart des Théologiens avec les politiques. Cependant pluſieurs Caſuiſtes, dont le nombre se multiplie journellement, & dont la logique est pressante, autorisent l'intérêt sur prêt pécuniaire, tel qu'il est fixé par le Souverain, d'autant plus que l'église n'a pas prononcé dogmatiquement sur cet objet. Ce n'est point ici le lieu de traiter cette question que divers auteurs viennent d'approfondir; mais on peut prédire qu'en moins d'un demi-siecle tous penseront à l'unisson. Desirons que ce moment arrive, ce sera une forte barriere contre l'usure; la facilité légitime d'un prêt lucratif multipliera les ressources du besoin. On a observé que les usures étoient plus fréquentes, spécialement en Alsace, depuis la défense faite aux gens de main-morte, de prêter à constitution; & quel avantage n'obtiendra-t-on pas des maisons religieuses, lorsqu'elles croiront pouvoir, sans blesser la conscience, percevoir des rentes sur des sommes prêtées pour un temps limité? Le Chrétien trouvant alors des secours dans la bourse du Chrétien, sera moins exposé à devenir victime de la rapacité judaïque.

Un autre moyen qui, en obviant au prêt usuraire des Juifs, soulageroit les malheureux, seroit d'établir dans toutes les villes un peu considérables, des Lombards ou Mont-de-Piété qui jouiroient de la confiance publique. On y prêteroit sur des nantissemens sans intérêts, ou du moins l'intérêt feroit très-modique, & les Campagnards comme les Citadins, les Juifs même y auroient accès. On fait combien l'Italie fe loue de ces établiffemens créés par les Papes, pour réfréner l'ufure hébraïque, comme le porte l'infcription même de celui de Bologne (1), & l'on n'en peut affez prôner les avantages.

Mais ces moyens acceffoires ne frappent qu'indirectement fur l'ufure, & l'on demande que nous attaquions ce monftre dans fon repaire.

Réduifez les Juifs à ne vendre qu'à prix comptant, annullez toutes les créances (2) qu'ils pourroient avoir à l'avenir fur les Chrétiens; voilà, peut-être l'arme la plus fûre qu'on puiffe oppofer aux fripponneries ufuraires. Les créances n'ont pour objet que de garantir le paiement des dettes, & lorfque l'ufure n'aura plus d'autre garant que la bonne foi des débiteurs, il eft douteux que pour commettre une injuftice, le Juif veuille fe livrer à la difcrétion de fes victimes. Ainfi prêter fur parole, vendre à crédit fur parole, ne fera jamais de fon goût, car il augure d'autant plus mal de la probité des hommes, que la fienne lui fert de point de comparaifon pour en juger. Prêter ou vendre devant témoins ne le raffurera pas, en eût-il cent, parce que n'ayant jamais action pour dette contre un Chrétien, il ne pourra réclamer l'appui de la

Juſtice, au cas que le débiteur niât la dette. On n'eſt pas tenté de convertir en argent comptant, des billets dont on ne peut faire aucun uſage après les avoir achetés; voilà donc encore par la même loi l'agiotage uſuraire des Juifs anéanti. Une clauſe eſſentielle de cette loi, ſeroit de fixer un temps, à dater du jour de la promulgation, pendant lequel tout Juif ayant des billets ſur un Chrétien, ſeroit obligé de les faire enrégiſtrer au Greffe de la juridiction dont il reſſortiroit. Son titre ſeroit invalidé par ſa négligence. Le motif de cette clauſe n'eſt pas difficile à ſaiſir. On empêcheroit par là le Juif de venir dans dix ans, dans vingt ans, préſenter des créances récemment fabriquées, mais antidatées de maniere à éluder la loi.

Je ne vois qu'un moyen de l'éluder, c'eſt par l'uſage des billets au porteur; on ſait que le créancier n'y eſt pas déſigné. Dans un moment de criſe, vous emprunterez cent écus d'un Juif, vous lui paſſerez un billet au porteur de cent cinquante, il le vendra pour cent trente; & voilà ſon gain. D'anciens réglemens avoient défendu ces actes en France; Louis XV les avoit abolis de nouveau en 1716; mais, par une Déclaration du 21 Janvier 1721, il en rétablit l'uſage. Les inconvéniens de ces billets en ont aſſez conſtamment balancé les avantages; & ſi l'on veut créer un peuple, ſi l'on desire que les Juifs deviennent citoyens, la proscription de ces billets doit entrer peut-être dans le plan que l'on suivra pour réaliser ce vœu; au moins pourroit-on en revêtir l'usage de formalités qui serviroient de digue à l'abus. Telle seroit celle d'exiger, lorsqu'il y auroit soupçon d'usure, qu'on déclarât, qu'on prouvât de qui on tient les billets, quoique divers Arrêts ayent décidé qu'on n'y est pas obligé. Telle seroit encore celle d'assujettir ces billets à un contrôle qui indiquât, d'une maniere sûre, le premier propriétaire du billet, afin qu'au moindre doute, on pût consulter un registre qui éclairciroit le fait.

Lorsqu'on a soumis à quelques formalités les actes sous seing privé, on a presque toujours dispensé de cette loi les lettres de change, les billets à ordre & au porteur, comme constituant une classe à part; c'est ce que portent & l'Edit d'Octobre 1705, & avant cela la Déclaration du 15 Mai 1703, qui les exceptent de la disposition de l'Edit de Décembre 1684. La nécessité des formalités que nous proposons pour les billets au porteur, retarderoit un peu la circulation des effets; mais ce léger inconvénient seroit abondamment compensé par d'heureux fruits. Cependant, quand même on n'adopteroit pas le parti de proscrire entièrement ces billets, quand même on contesteroit l'utilité des

des formalités auxquelles nous proposons de les soumettre, l'Edit qui annulleroit les créances des Juifs, obtiendroit encore presque toujours son effet; voici comment. Le Juif constitué dans l'impossibilité de faire valoir personnellement ses billets, ne pourroit frauder qu'en se fiant à des Chrétiens, juifs de caractere, à qui il vendroit sourdement ses billets au porteur, ou qui lui serviroient de prête-noms pour les billets d'une autre sorte. Mais le frippon capable de contrevenir aux loix de l'Etat, en se prêtant à cette manœuvre, feroit également capable de déférer le Juif comme violant ces loix, ou de frauder le commettant qui n'auroit jamais action contre son commis. D'ailleurs il faut payer des prête-noms, & les billets qu'on commerce ne rendent pas au vendeur le total de la somme portée par son écrit. La diminution du gain, dans l'un & l'autre cas, & la crainte d'encourir des peines très-séveres qui seroient infligées aux délinquans, diminueront, anéantiront même le desir de faire une fourberie qui ne pourroit se consommer de part & d'autre qu'en courant de très-grands risques. La loi ne pourra donc jamais s'éluder que par des voies très-obliques, très-difficiles, pour ne pas dire impossibles.

Cette loi ne contredit qu'en apparence les principes de la liberté civile, dont nous voulons étendre les avantages à toute la nation. Quoiqu'on emploie du corrosif contre un mal invétéré, & qui ne peut céder qu'à des remedes violens, toujours il est vrai de dire qu'on tend au bien du malade. D'ailleurs les Juifs ne constituent qu'une foible portion d'une nation quelconque, qui a le plus grand intérêt à ce qu'on empêche les brigandages; ainsi le gouvernement qui en prendra les moyens, tendra également à son but, qui est la félicité du plus grand nombre.

Il est sans doute inutile de remarquer que tous les réglemens proposés cesseroient d'être en vigueur, dès que les circonstances les rendroient inutiles : on sent bien qu'un Edit ne détruira pas tout à coup l'usure dans son principe, car ce vice est trop enraciné chez le peuple hébreu, & l'on ne change pas le caractere national comme l'uniforme d'un corps militaire. Ce changement ne pourra s'opérer qu'à la longue, & nous déduirons les moyens qui doivent y concourir. On a vu (chap. XII) que le penchant des Juifs à l'usure, étoit une suite de leur position malheureuse dans les différens pays; dès-lors il est évident qu'une révolution dans leur état, en produira une autre dans leur conduite. Devenus citoyens, & livrés à d'autres fonctions que le commerce, l'usure ne sera pas plus commune chez eux que chez les autres sujets de l'état, auxquels ils seront assimilés en tout. En attendant que le cœur soit converti, nous arrêtons les ravages de l'usure, nous la réduisons à l'inaction, & l'on sait que le feu s'éteint quand on ne l'alimente pas.

CHAPITRE XV.

Possibilité de réformer les Juifs. Cette réforme peut se concilier avec leurs loix religieuses, leurs mœurs, leurs préjugés.

QUELQUES écrivains, le célebre Michaélis à leur tête, prétendent que les changemens projetés pour opérer une révolution parmi les Juifs, sont incompatibles avec leur constitution religieuse & morale, & qu'inutilement on tenteroit de les régénérer (1). Ces auteurs ont prodigué l'érudition & les raisonnemens, pour prouver une these que nous allons combattre. Nous présenterons leurs objections dans toutes leurs forces, nous y en ajouterons de nouvelles, nous répondrons à toutes, mais auparavant fixons le véritable état de la question.

Il ne s'agit pas d'examiner si le Juif considéré en lui-même est apte à tous les arts & métiers,

G 2

à toutes les fonctions de citoyens. Son séjour en Palestine prouve la possibilité par le fait; mais il est question de savoir si les fonctions civiles, les arts & métiers, tels qu'on les exerce parmi nous, peuvent se concilier avec la loi, la morale, les préjugés des Juifs actuels. La difficulté provient de ce que leur religion englobe tous les détails de la vie, par des réglemens que nos constitutions politiques n'adopteront jamais; elles voudront, au contraire, la soumettre à l'observation des loix nationales. Abstraction faite de la vérité & de la fausseté des principes religieux, dans toutes croyances le dogme & la morale doivent être censés seuls invariables, les loix rituelles peuvent être modifiées, ou du moins leur exercice peut être omis à raison de la difficulté ou de l'impossibilité; & quoique l'ignorance & le préjugé ayent quelquefois élevé les pratiques extérieures au niveau des principes dogmatiques & moraux, tous les gens sensés de toutes les religions, ont senti que, dans certaines circonstances, omettre les rites n'étoit pas les abjurer. Ils ont cru que, sans blesser les droits de la Divinité, on pouvoit plier sous le joug de la nécessité, & cent fois les Juifs l'ont fait sans remords. Je ne parle pas seulement des loix purement locales, comme celles qui sont relatives aux sacrifices, à la manducation de l'Agneau paſchal, &c. mais de celles qui, par leur nature, paroiſſent applicables à tous les lieux. Eſt-il une loi plus préciſe que celle du Levirat, qui veut que l'homme épouſe la veuve de ſon frere mort ſans poſtérité? Et quel Juif ſe feroit aujourd'hui un ſcrupule d'y déroger (2)? Sa conſcience eſt-elle inquiétée parce qu'il ne peut plus infliger les ſupplices ordonnés dans le Pentateuque, & qu'on ne lui permet pas de lapider les enfans rebelles, les adulteres & les blaſphémateurs? On a même vu les Hébreux s'écarter de la loi dans des points importans ſans y être contraints : telle eſt la défenſe d'avoir chez eux des peintures, malgré laquelle beaucoup de Juifs, en Italie ſur-tout, ſont en poſſeſſion, d'aimer & de conſerver des chefs-d'œuvres des grands maîtres.

Bien des Juifs lettrés, avec qui j'ai converſé fréquemment, ont un ſymbole fort reſſerré (3); ils réduiſent les dogmes fondamentaux de leur loi à trois, l'unité de Dieu, l'immortalité de l'ame, les peines & les récompenſes futures; la venue du Meſſie n'eſt pour pluſieurs qu'un objet d'eſpérance & non de croyance, ils n'admettent gueres que trois choſes à éviter au péril de la vie, l'idolâtrie, l'inceſte, l'aſſaſſinat, y compris ſans doute les crimes qui en dérivent ou qui leur ſont analogues : d'après cela ils diſtinguent, entre préceptes & permiſſion, comme le divorce, la polygamie, & entre préceptes eſſentiels & réglemens de police; de cette derniere claſſe, ſont les loix relatives à la majorité, aux dots, à l'ordre des ſucceſſions, aux tutelles, &c. choſes très-variables, & de nature à être modifiées ou changées : ils conviennent que les loix cérémonielles qui concernent l'agriculture, la diſtinction des viandes mondes & immondes, étoient purement locales; les unes étoient des regles diététiques, relatives à l'inſalubrité de certaines nourritures en Paleſtine; les autres tendoient, comme nous le dirons tout à l'heure, à éloigner les Hébreux des cérémonies du paganiſme. Cette obſervation dévoile l'eſprit de pluſieurs conſtitutions qu'on ſeroit tenté de regarder comme ridicules, & qui étoient le fruit d'une politique également ſage & profonde; Maimonides l'a reconnu lui-même.

Les principaux rites du culte des Juifs ſont la circonciſion, le ſabbat, les fêtes, &c.; & peut-être n'eſt-il point de religion dont les Docteurs ſe ſoient relâchés ſi facilement ſur des pratiques réputées eſſentielles. En connivant même à un déguiſement hypocrite, les Juifs de la province de Honan ont adopté une partie du culte chinois, & honorent Confucius (4). A Salonique les Sectateurs de Zabbata-Zevi qui ſont très-nombreux, fréquentent les Mosquées, jamais les Synagogues, & sont Juifs secrets (5). Combien de fois dans le moyen âge, en a-t-on vu & en voit-on encore en Espagne, sous les dehors les plus spécieux du christianisme, judaïser en secret sans être circoncis, travailler le samedi, ne s'abstenir d'aucun mets (6), sans que pour cela les Rabbins les aient regardés comme déserteurs de leur culte. Moyse, à la vérité, avoit donné à son peuple, une loi qui l'isoloit, loi très-sage pour consolider l'union des Israélites avec leurs freres, & pour combattre le penchant qui les portoit à imiter les mœurs dépravées, & le culte idolâtre des nations voisines de la Judée. C'est par cette raison qu'elle réprouvoit leurs unions matrimoniales avec les Gentils ; mais ces loix, relatives aux dangers, rompoient-elles l'union sociale, & ne souffroient-elles pas d'exceptions ? empêcherent-elles Ester d'épouser légitimement Assuérus, & Salomon de s'allier avec Hiram ? Condamnoient-elles l'Hébreu lorsqu'il alloit aiguiser son soc chez les Philistins, qu'il accueilloit les Officiers de la Reine de Saba, & qu'il étoit ministre ou courtisan dans le palais de Babylone. La disparité du culte ne rapproche pas les humains, mais cet inconvénient commun à toutes les religions, affoiblit seulement les liaisons civiles ; il ne les détruira jamais que chez des hommes dont la croyance ordonneroit de haïr ceux qui en ont une différente de la leur.

Cette derniere phrase amene l'objection tant répétée ; c'est par ce principe, dit-on, que le Juif est ennemi né de tout ce qui n'est pas lui. Moi-même j'ai parlé avec force de son aversion pour nous, sans craindre le reproche de contradiction, parce que cette haine ne fut jamais prescrite par la loi. La trouveroit-on dans ces livres sacrés qui ordonnent formellement & si souvent d'accueillir l'étranger assimilé au pupille & à la veuve ? qui descendent jusqu'à statuer qu'en moissonnant on laissera des épis, en vendangeant des grappes en faveur du pauvre & de l'étranger.

Les maximes féroces de quelques Rabbins, trop suivies sans doute, ne sont pas revêtues de l'approbation générale. Les Juifs leur opposent pluralité de Docteurs qui ont écrit différemment. Ce Maimonides accusé d'avoir prononcé dans un de ses ouvrages, la sentence de proscription contre les idolâtres, dit cependant ailleurs qu'un Israélite qui n'aime pas tous les hommes observateurs de la religion naturelle, ne connoît pas la sienne ; presque tous les livres symboliques des Juifs, imprimés depuis trois siecles, portent au frontispice un axiome du même auteur, qui ordonne expressément aux Juifs l'amour des autres nations (7) ; quand l'ufage d'imprimer cette épigraphe à la tête de leurs ouvrages, feroit une affectation politique, toujours feroit-il vrai de dire qu'au moins la nation défavoue publiquement la morale infernale qui prefcriroit la haine des autres hommes.

Les Docteurs hébreux ont concouru à dégrader ce peuple. Nous expoferons plus bas les moyens de les faire concourir à le régénérer ; nous commencerons par eux, & nous ferons en leur faveur ce que nous n'avons pas encore exécuté pour nous, qui avons tant de traités fur l'éducation, & pas un feul fur celle des eccléfiaftiques chargés d'inftituer les trois quarts du royaume (8). Les Rabbins influeront efficacement, car les Juifs jurent *in verba magiftri*.

Cependant quoiqu'ils foient livrés aveuglément aux décifions des Docteurs, il eft poffible de les en détacher. Quelques conftitutions leur défendent à la vérité la lecture de nos ouvrages ; mais ces défenfes ignorées des uns n'ont point arrêté les autres, lorfqu'aiguillonnés par la curiofité, ils ont voulu s'éclairer des lumieres étrangeres. Plufieurs même fe font livrés à la philofophie platonicienne, c'eft-à-dire, à celle qui devoit être le moins attrayante pour eux (9) ; car le dogme de la Trinité fut toujours, comme on ſait, une pierre d'achopement & de ſcandale pour les Juifs; & l'idée ſi long-temps reçue que la diſtinction des trois perſonnes étoit dans Platon, auroit dû leur inſpirer de l'averſion pour le philoſophe grec. Certainement une nation qui s'honore d'avoir poſſédé Mendelſohn, en eſt au moins à l'aurore de la raiſon. Déja nombre de Juifs dégoûtés de tout fatras rabbanique, élaguent les additions humaines faites à la loi, ſans toucher à la vérité des principes. On ſe plaint même que d'autres pouſſent juſqu'à la licence, la liberté de penſer; car trop ſouvent l'homme parcourt les extrêmes, & va de la crédulité groſſiere à un ſcepticiſme décidé.

Quant à l'averſion des Juifs pour les autres peuples, nous en avons expoſé les motifs. La cauſe & l'effet ſont correlatifs: ſupprimons les cauſes, & nous verrons qu'ils n'attendent qu'un changement de notre part, pour changer à notre égard; d'ailleurs il en coûte à l'homme pour haïr. Lecteurs, admettez ce principe, non par grace, mais par juſtice. Le Juif harcelé par des hoſtilités continuelles, par les attentats les plus crians, a quelquefois repouſſé la force par la force, ou oppoſé la haine à la fureur. Cette conduite ne ſort pas de la nature, quoiqu'elle s'écarte de la raiſon. Mais prendrez-vous les paroxiſmes inſtantanés de la vengeance, pour l'état habituel & néceſſaire de ſon ame ? Eſt-ce raiſonner que de dire : le Juif nous hait parce que nous l'accablons de maux; donc il nous haïra lorſque nous le comblerons de bontés.

CHAPITRE XVI.

Continuation du même ſujet.

MAIS les Juifs, nous dit-on, ſont incapables d'être régénérés, parce qu'ils ſont abſolument pervers. J'ajoute qu'on en voit peu commettre des aſſaſſinats ou autres grands crimes qui provoquent la vindicte publique; mais leur lâcheté vile enfante des baſſeſſes. M. Michaélis aſſure qu'en Allemagne, de vingt-cinq frippons écroués ou jugés, vingt-quatre ſont Juifs. Michaélis *aſſure ?* 1°. Aſſurer n'eſt pas prouver ; le moyen cependant étoit facile en compulſant & produiſant les écrous. 2°. Le fait fût-il auſſi vrai qu'il eſt douteux, cela ne prouveroit encore que contre les Juifs allemands. 3°. Il reſteroit enſuite à établir que cette perverſité dérive immédiatement de leur religion ou de leur nature. Elle n'eſt point inſpirée par la loi, cette vérité eſt portée à l'évidence : croira-t-on qu'elle ſoit innée ? quelques philoſophes chagrins ont prétendu que l'homme naiſſoit méchant. Heureuſement pour l'honneur & la conſolation de l'humanité, on a relégué ce ſyſtême dans la claſſe des hypotheſes abſurdes & déſolantes. Tant de loix portées contre les Juifs, leur ſuppoſent toujours une méchanceté native & indélébile; mais ces loix qui ſont le fruit de la haine ou de la prévention, n'ont d'autre fondement que le motif qui les inſpire. Cette perverſité n'eſt pas tellement inhérante à leur caractere, qu'elle en affecte tous les individus. On voit éclore en eux des vertus, des talens par-tout où l'on commence à les traiter en hommes, ſur-tout dans les Etats du Pape, qui ſont depuis ſi long-temps leur paradis terreſtre, dans la Hollande, la Pruſſe, & parmi nous. MM. Hertz, Block & Marz, illuſtrent actuellement la nation juive & l'Allemagne, & Pinto eſt à la Haye. Nous croirons ce peuple ſuſceptible de moralité juſqu'à ce qu'on nous montre des obſtacles invincibles dans ſon organiſation phyſique, dans ſa conſtitution religieuſe & morale. Chériſſons les vertus; mais ne ſoyons pas aſſez inconſéquens pour en demander à ceux que nous avons contraints à devenir vicieux. Rectifions leur éducation, pour rectifier leurs cœurs; il y a long-temps qu'on répete qu'ils ſont hommes comme nous, ils le ſont avant d'être juifs.

M. Michaélis objecte encore que cette nation étant en oppofition conftante avec les mœurs générales, ne deviendra jamais patriote; nous convenons qu'il eft difficile de l'amalgamer à la fociété univerfelle; mais entre l'impoffible & le difficile, il y a même diftance qu'entre l'impoffible & le poffible. J'ai remarqué, & prouvé moi-même, que jufqu'ici le Juif eft invariable dans fes mœurs & fes ufages; mais la plupart de fes ufages ne contrarient pas les fonctions civiles, & quant à celles qui paroîtroient en collifion avec les obligations du citoyen, elles ne fe font maintenues que par l'invariabilité de conduite des nations à leur égard. Si nous ne difons pas avec Helvétius que l'homme en total eft le produit de fon éducation, nous conviendrons au moins qu'il eft en grande partie le réfultat des circonftances. Le Juif peut-il jamais devenir patriote? c'eft la queftion de ceux qui lui reprochent de n'avoir pas aimé une patrie qui le repouffoit de fon fein, & de n'avoir pas chéri des peuples acharnés contre lui, c'eft-à-dire, fes bourreaux.

Dans chaque pays les adulateurs exaltent l'attachement des peuples à leurs Souverains, à leur patrie, & l'on encenfe le maître aux dépens de la vérité. Etudiez le caractere des hommes de diverfes contrées, vous verrez que le plaifir ou l'intérêt sont les grands mobiles de leurs affections, pourvu que le peuple dorme avec sécurité dans ses foyers, & qu'il y mange en paix les fruits du champ qu'il a cultivé sans trouble, pourvu qu'il ne soit pas frappé du fléau de la fiscalité, ni écrasé par la massue du despotisme, il est satisfait; mais hors de là, le gouvernement lui est plus qu'indifférent, ainsi que le Souverain; il fait même des vœux secrets pour des mutations, parce qu'il imagine qu'un nouvel ordre de choses ameneroit le bonheur, & du patriotisme il ne connoît que le mot, excepté peut-être dans les lieux où il participe, même de loin, à l'autorité législative ou exécutrice. Aussi peut-on poser en fait que depuis deux ans le caractere françois a acquis plus d'énergie, & développé plus de patriotisme que depuis deux siecles.

Le Juif répandu par-tout, & fixé nulle part, n'a gueres que l'esprit du corps qui n'est pas l'esprit national; voilà pourquoi, comme on l'observe communément, à Londres il n'est pas anglois, ni hollandois à la Haye, ni françois à Metz; c'est toujours un état dans l'Etat, parce qu'il n'est jamais traité comme fils de la patrie. Dans les républiques même, où le peuple actif dans la législation n'obéit qu'à soi-même, le Juif est toujours passif, toujours compté pour rien; il n'a aucune propriété terrienne, le commerce qui rend ordinairement cosmopolite, lui procure des richesses portatives qui le consolent foiblement de l'opprobre & de la pesanteur des loix oppressives. Et vous exigez qu'il aime une patrie, donnez-lui en une.

Mais, dit M. Michaélis, il envisagera toujours la Palestine comme le terme de son repos, & ne verra jamais les autres pays que comme des lieux de passage, sans s'y attacher. Qui faut-il croire de lui ou de Boulanger? Celui-ci nous assure (1) que le fanatisme des Juifs se refroidit, & qu'à la fin il pourroit s'éteindre totalement. Ils esperent un retour dans la Palestine; mais ils esperent en même temps la conquête de l'univers, qui assurera leurs possessions en d'autres contrées. D'ailleurs ce retour est fixé à une époque incertaine; le Talmud défend d'y songer, de faire des démarches en conséquence, avant que des prodiges éclatans ayent annoncé l'arrivée du Libérateur.

Dans le temps que le malheur pese sur le Juif, & qu'il mange en tremblant un pain de douleur, il soupire peut-être après l'avénement du Messie. Je dis peut-être, car tous ne l'envisagent pas comme une perspective bien favorable, puisque, suivant quelques Rabbins, un jugement sévere doit préalablement faire le triage de ceux qui partageront cette félicité ; on connoît l'exclamation d'un Docteur : *qu'il vienne, pourvu que je ne le voye pas !* Quoi qu'il en soit, sa venue paroîtra moins desirable à notre israélite, lorsque l'humanité des peuples le laissera respirer paisiblement sous les toits paternels habités par le calme & le bonheur qui auront pour lui tous les charmes de la nouveauté. Trop souvent les avantages de la vie présente font oublier ceux que l'avenir promet ; le Juif a des sens ainsi que nous, & ses espérances ne seront pas un motif d'abandonner des jouissances actuelles, lorsqu'il pourra les obtenir. Une fois devenu membre de la nation, attaché à l'Etat par des liens de plaisirs, de sécurité, de liberté & d'aisance, on verra diminuer en lui l'esprit de corps ; il ne sera pas tenté de porter ailleurs ses richesses, lorsque ses terres le fixeront dans le pays où il les aura acquises (2) ; il chérira sa mere, c'est-à-dire, sa patrie, dont l'intérêt sera confondu avec le sien.

CHAPITRE XVII.

Il est possible de former les Juifs aux arts & métiers, & à l'agriculture.

Il faudroit bien opter, entre laisser les Juifs végéter dans l'inaction, ou rectifier leur commerce, ce, s'il étoit vrai qu'ils ne fussent propres ni à l'agriculture, ni à aucun art nécessaire; un auteur allemand nous l'assure (1). Et quelle preuve en donne-t-il? aucune. Nous voilà donc dispensés de réfuter une assertion que l'expérience a démentie, & que cet écrivain réfute lui-même, car il les croit propres au commerce, dont les combinaisons exigent pour le moins autant de pénétration que les arts méchaniques.

On ne trouve en Europe que très-peu de Juifs artisans ou artistes: dira-t-on que c'est faute d'aptitude? On en voit souvent signaler leur adresse; plusieurs réussissent dans la gravure en creux, & actuellement la Prusse s'honore de posséder Abraham son célebre médailleur. En Orient, quoique la plupart des marchés passent par leurs mains, ils sont Teinturiers, ouvriers en soie, &c. (2); dans les royaumes de Fez & de Maroc, en Ethiopie où ils sont si nombreux, & sur les côtes orientales de l'Afrique, où le commerce a peu d'activité, ils sont orfevres, forgerons, taillandiers, tisserands; ils exercent tous les métiers (3). Nos Juifs seroient bientôt assimilés à ceux d'Orient & d'Afrique, si, malgré les clameurs de la haine, l'autorité publique daignoit les instruire & les maintenir dans l'exercice de tous les arts méchaniques.

Beaucoup de Chrétiens verroient peut-être avec peine, & d'un œil jaloux, qu'on les admît dans les corps d'artiſans. Faut-il forcer l'admiſſion? non, ne bruſquons pas les préjugés, afin de les combattre d'une maniere plus efficace; la rivalité établira un foyer d'émulation qui tournera au profit des arts en les perfectionnant. Et au profit des acheteurs, en maintenant le bas prix pour fixer la concurrence dans le débit; & qu'importe qu'ils ſoient reçus dans les corps d'artiſans, ſi leur excluſion ne leur en dérobe aucun avantage, aucun privilege?

La plupart des métiers n'exigent que des avances aſſez modiques pour l'apprentiſſage & l'emplette des inſtrumens néceſſaires; l'indigence ne ſeroit point un obſtacle. Bientôt on verroit des ames ardentes & ſenſibles, des ſociétés philanthropiques ouvrir des ſouſcriptions pour former des atteliers gratuits, & les dons de la fortune couler dans des canaux creuſés par la bienfaiſance. On pourroit même obliger les Juifs en certains lieux, à n'habiter que les maiſons qu'ils auroient bâties, à ne porter que les étoffes qu'ils auroient manufacturées; & l'on penſe bien que pour n'être pas auſſi injuſtes que ridicules, ces réglemens exigeroient des modifications voulues par les circonſtances du temps & du lieu. Que d'ailleurs on accorde une libre circulation à leurs ouvrages, qu'on encourage leur induſtrie, qu'on couronne leurs efforts par des diſtinctions & des récompenſes ; la néceſſité, cette maîtreſſe impérieuſe, aura bientôt développé les facultés de l'Iſraélite, dont le génie ſouple ſe plie à tout : l'honneur & l'amour du gain lui donneront plus d'énergie.

Voilà donc la nation conduite à la culture des arts & métiers ; & dût-elle y porter ſon génie rapace, rarement pourroit-elle en recueillir un gain frauduleux, parce que les ouvrages méchaniques étant conſtamment ſoumis à l'inſpection des acheteurs, ordinairement il eſt facile d'en conſtater le mérite. Un ſecond avantage c'eſt d'établir entr'eux & les Chrétiens des liaiſons plus intimes.

On demandera ſans doute s'il faut auſſi les rendre cultivateurs ; je voulois arriver là. Jamais peut-être aucun peuples ne fut ſi occupé d'agronomie que les Iſraélites en Paleſtine, c'eſt la remarque du judicieux Fleuri (4). Il faut convenir cependant que tout ce qui tient à l'économie rurale, eſt actuellement auſſi étranger à leur goût qu'à leurs connoiſſances. Ceux qui poſſedent des héritages attenans à leurs maiſons, ignorent juſqu'aux élémens du jardinage, & ſont obligés d'appeller des mains étrangeres.

Depuis leur diſperſion, les Juifs n'ont gueres

été cultivateurs. Pétachias, qui, au douzieme siecle, a voyagé en Orient, en vit cependant qui labouroient vers Ninive (5). Lorsqu'au même siecle, Benjamin de Tudele visita la Grece, il trouva le mont Parnasse habité par deux cents Juifs qui le cultivoient & y recueilloient des légumes (6); & pour citer des faits plus voisins de notre temps, on voit encore des Juifs cultivateurs dans la Perse septentrionale (7), & en Lithuanie. Coxe prétend que ce dernier pays est le seul en Europe où les Juifs soient agricoles (8). N'y en auroit-il donc plus en Ukraine? Au siecle dernier le Cardinal Commendon y en vit beaucoup livrés au labourage, & dont les travaux honnêtes n'étoient point avilis par l'usure (9). Son assertion est très-croyable : quoique la rosée du ciel ne fertilise pas toujours le champ du Laboureur, la bénédiction céleste paroît presque toujours répandue sur son état; & parmi les classes inférieures de la société, il n'en est point où l'on rencontre des mœurs plus pures, une probité plus integre.

On conçoit que les Juifs peuvent être propres aux métiers dont la plupart exigent moins de force que d'adresse; mais, dira quelqu'un, l'agriculture exige une constitution robuste que de votre aveu le Juif n'a pas. Le doute qu'on éleve sur la possibilité de les rendre agricoles, ne nous empêche pas d'embrasser l'affirmative; car observez que nous ne passons pas brusquement aux extrêmes, nous ne disons pas au Juif : aujourd'hui fermez votre boutique & demain labourez cette plaine. Il pourra s'éclairer des lumieres, & s'aider des bras d'autrui ; des domestiques Chrétiens seconderont ses travaux. Les Lettres-patentes données pour les Juifs alsaciens, en 1784, leur refusent ce dernier avantage, en leur accordant au surplus le droit de cultiver par eux-mêmes ; mais le gouvernement françois s'empresseroit de lever une défense dont on lui montreroit les inconvéniens.

Les travaux rustiques appelleront donc l'Hébreu dans nos champs jadis arrosés du sang de ses peres, & qui le seront désormais de ses sueurs ; il quittera son manoir pour aller respirer l'air pur des côteaux : bientôt stimulé par l'intérêt, ses bras qui ont déja la souplesse, se fortifieront par l'exercice, & cet avantage physique en amenera pour les mœurs un plus précieux, puisque le premier des arts est encore le premier en vertu.

Il est plus que probable qu'en peu de temps on rendroit les Juifs agricoles, & que bientôt ils s'estimeroient heureux de saigner un marais, de défricher une lande qu'ils fertiliseroient, où ils bâtiroient. Quelques-unes de nos colonies, & plusieurs de nos provinces, comme la Bretagne, la Guyenne, demandent des bras; que la voix du gouvernement les appelle dans ces contrées, en les diſperſant parmi les Chrétiens. Si l'Eſpagne, appauvrie au milieu de ſes tréſors, eût connu ſes vrais intérêts, ſes campagnes s'embelliroient ſous la main de trois cents mille Juifs qu'elle a chaſſés (10).

N'imaginez pas que les Juifs devenus cultivateurs, vouluſſent ſuivre les diſpoſitions du Pentateuque, relativement aux années ſabbatiques & jubilaires; perſuadés que ces ordonnances étoient purement locales, ils les ont toujours reſtreintes aux limites de la Paleſtine. Trop heureux s'ils avoient compris que leur religion étant la ſeule dont l'enſemble ſoit devenu par-tout d'une pratique impoſſible, l'Eternel les appelloit dans une nouvelle alliance dont la premiere n'étoit que la figure.

Il eſt à la vérité certaines défenſes concernant l'art ruſtique, qui, ſi l'on en croit Léon de Modene, ſont encore cenſées obligatoires; telle eſt celle de ſemer du méteil, de croiſer les diverſes eſpeces d'animaux pour ſe procurer des mulets. Le Juif n'attellera peut-être pas l'âne à côté du bœuf, & ne tiſſera pas le lin avec la laine (11); mais on ne voit là que des uſages différens des nôtres, & non de grands inconvéniens; il eſt très-douteux que les Rabbins vouluſſent preſſer l'obſervation de ces ſtatuts. Le dix-neuvieme chapitre du Lévitique qui les contient, en offre d'autres ſur la conſervation de la barbe dont les Juifs portugais ont cependant abrogé l'uſage. Ne craignons donc pas qu'ils ſoient long-temps aſſervis aux réglemens talmudiques, dont heureuſement la partie la moins abſurde eſt celle qui concerne l'agriculture. Eſpérons que bientôt le Juif en mettroit les rêveries au niveau de celles de Mathieu Lanſberg. Il lira d'abord la défenſe d'enter des arbres, d'avoir dans ſon clos des arbres greffés, tandis qu'on lui permet d'en manger le fruit (12). Cette contradiction choquante le révoltera, & de telles chimeres s'évanouiront au ſouffle d'une raiſon cultivée.

Une queſtion ſe préſente naturellement ici : Obligerez-vous les Juifs à chommer avec vous les dimanches & fêtes ? alors deux jours conſécutifs de la ſemaine ſeront dérobés au travail. Leur permettrez-vous d'y vaquer en ces jours ? cette innovation aigrira les peuples, & l'on ne doit pas ce ſemble la permettre du moins actuellement ; mais on peut interdire aux Juifs le travail extérieur ou trop bruyant, qui troubleroit la ſanctification des dimanches, ſans cependant les réduire à l'inaction. On n'ira pas l'épier dans ſa maiſon pour ſavoir s'il s'occupe à tiller ſon chanvre, à cribler ſon grain, tandis que ſon épouſe manie l'aiguille ou la quenouille; & lorſqu'une moiſſon dépériſſante ou d'autres raiſons exigeroient le travail du dimanche, le Juif auroit, bien entendu, même liberté que le Chrétien. On ſait combien eſt ſtricte l'obſervation du ſabbat, malgré cela il eſt à croire que les Rabbins ſe relâcheroient ſur cet article, lorſque leurs déciſions ſeroient autoriſées par le beſoin, & le Juif écarteroit ſes ſcrupules, lorſqu'il auroit pour caution l'infaillibilité de ſes docteurs.

CHAPITRE XVIII.

Il eſt poſſible de former les Juifs à l'art militaire. Réſumé de ce chapitre & des deux précédens.

L'EMPEREUR vient d'enrôler quelques milliers de Juifs; le temps nous dira ce qu'ils auront fait. Voyons en attendant de quoi ils ſont capables. Si d'un Juif je puis faire un laboureur, pourquoi n'en ferois-je pas un ſoldat? Pourquoi ſeroit-il borné, comme le voudroient certaines gens, à défendre la patrie par ſon argent & non en perſonne. Chez les Romains, la profeſſion militaire demandoit une conſtitution forte; le ſoldat, chargé d'armes peſantes, portoit encore sa provision pour plusieurs jours; & soit en paix, soit en guerre, il conservoit sa vigueur par l'âpreté d'un travail continuel, au-lieu que dans nos gouvernemens modernes, en temps de paix, le soldat s'énerve par l'inaction qui le conduit au libertinage, qui l'abâtardit de plus en plus; & depuis l'invention de la poudre, quand il faut marcher contre l'ennemi, le courage & l'adresse lui sont plus nécessaires que la force. Un savant respectable l'a dit avec raison, la guerre n'est presque plus que le résultat d'une opération de chymie (1).

Peut-être sera-t-on surpris que je suppose aux Juifs le germe de la valeur. Caron les regarde comme des vîls esclaves, parmi lesquels on trouveroit à peine un Spartacus; mais cette nation si belliqueuse sous les princes Amonéens; qui, au sixieme siecle soutint Naples contre les entreprises de Belisaire (2); qui, au dixieme aida les Chrétiens à chasser les brigands, dévastateurs de la Bohême (3); qui en 1346, se fortifia dans Burgos, & résista à Henri de Transtaman, assassin de son Souverain légitime; cette nation qu'on dit avoir fourni un Général habile au Portugal, & un Commodore à l'Angleterre (4); qui, dans le siecle dernier, s'est distinguée à la défense de Prague & de Bude assiégés (5); qui brilla à l'attaque de port Mahon, ne peut-elle s'ennoblir ſous nos mains, & ſe rendre digne de marcher ſous les drapeaux françois?

Lorſqu'on voudra recevoir les Juifs dans nos régimens, ou les ſoumettre aux levées des milices, il eſt eſſentiel de les diſperſer dans les corps militaires; car plus on multipliera leurs rapports avec nous, plus on aura de facilité pour les réformer. On conçoit la poſſibilité de lever une légion uniquement compoſée de Juifs; mais tant de raiſons combattent la formation d'un corps ainſi conſtitué, que nous n'oſons les déduire, ce ſeroit inſulter à la pénétration du lecteur. Une police vigilante & ferme mettroit les Juifs, diſtribués dans nos régimens, à l'abri des avanies; quand on commande aux françois, la ſubordination & l'honneur ſont deux reſſorts puiſſans, toujours faciles à mouvoir, & le miniſtere ſauroit en diriger les mouvemens d'une maniere conforme à l'accompliſſement de ſes vues, à l'exécution de la réforme qu'on propoſe.

Quelques obſervances rabbiniques établiroient d'abord quelque différence entre les ſoldats juifs & chrétiens : par exemple, ils ne mangeront pas au même repas, du laitage & de la viande, mais bientôt l'impérieuſe néceſſité, l'exemple & les plaiſanteries innocentes qui attaqueroient la choſe & non la perſonne, feront diſparoître ces vétilles. Tel qui, auparavant, eût cru faire une faute en se servant à table du couteau d'un Chrétien, finira par user des mêmes mets que ce Chrétien, devenu son camarade intime. Les Juifs lévantins & allemands ne boivent pas communément du vin que les Chrétiens ont pressuré, tandis qu'ils ne se font aucun scrupule de boire du cidre & de la biere préparés par nos mains; mais déja ceux d'Italie, plusieurs même des nôtres, ont abrogé ces petitesses. Ne croyons pas même qu'ils dussent se refuser long-temps à manœuvrer le jour du sabbat: déja dans le Talmud & dans Maimonides, on a trouvé deux passages qui le permettent formellement (6). Les journalistes Juifs de Berlin, viennent de tranquilliser sur cet article la conscience de leurs freres enrôlés par l'Empereur. D'ailleurs l'exemple de Josué & des Machabées leur apprendroit qu'en pareil jour, on peut non seulement défendre ses foyers, mais encore attaquer ceux de l'ennemi; & l'on sait qu'au siege de Jérusalem ils travaillerent sans distinction de jour. Admis dans les troupes romaines pendant quatre siecles, ils continuerent sur le même pied jusqu'à ce que l'Empereur Honorius s'avisa de déclarer incapable du service militaire (7), une nation qui avoit brillé dans les armées d'Alexandre & des Ptolomées; qui, vaincue par Pompé, avoit conquis l'estime de son vainqueur ; qui, dans la guerre contre Mithridate, avoit forcé la victoire à se déclarer en faveur de César ; & qui, depuis quatre siecles, figuroit avec distinction sous le drapeau des légions romaines.

Avant de finir ce chapitre dont l'objet se lie aux deux précédens, nous observerons que les Quakers & les Bohémiens, errans, ont une constitution morale très-dissonante de celle des autres nations. On n'a cependant pas cru qu'il fût impossible de les lier à la chose publique, & les tentations ont été couronnées de succès. Quelques provinces de la Pologne & de la Russie, offrent un mélange bizare de religions diverses : près d'un Protestant qui mange son poulet le vendredi, est un Catholique qui se borne aux œufs ; tous deux boivent du vin, & travaillent ce vendredi à côté d'un Turc, qui, circoncis comme le Juif, s'abstient de vin, & chomme ce jour là ; & ces variétés ne troublent pas l'harmonie civile.

Terminons par un raisonnement simple & péremptoire. Dans les quatre ou cinq premiers siecles de l'ere chrétienne, les Juifs dispersés avoient la même loi qu'aujourd'hui, & à peu près les mêmes préjugés, car les Talmuds existoient : ils exerçoient tous les arts & métiers, & remplissoient toutes les fonctions civiles ; parsemés chez les nations, tous alloient adorer diverſement dans des temples divers, & au ſortir de là, montoient de concert ſur les mêmes vaiſſeaux pour ſillonner les mers, marchoient aux combats ſous les mêmes étendards, arroſoient les mêmes campagnes de leurs ſueurs. Voilà une donnée, un point de départ, pour ſavoir ſi on peut les incorporer à la ſociété générale. Toutes ces objections tombent, quand l'expérience parle.

CHAPITRE XIX.

La révolution propoſée eſt conforme au vœû du christianiſme; loin d'y être oppoſée, elle ſe concilie avec les loix politiques, civiles & fiſcales des nations, & avec leurs intérêts.

S'IL eſt bien prouvé que les loix religieuſes & politiques des Juifs, que leurs mœurs & leurs préjugés ſont compatibles avec la révolution propoſée, par là même, la propoſition parallele eſt établie; car le nœud de la difficulté étoit de ſavoir ſi leur état actuel pouvoit admettre des changemens calqués ſur les loix religieuſes, politiques & fiſcales des Chrétiens. Mais dans une matiere de cette importance, pourroit-on ſe plaindre d'une surabondance de raisonnemens qui fasse taire toutes réclamations?

On ne peut nier l'affoiblissement des haines religieuses & nationales. Ils sont loin de nous, ces siciles où l'on croyoit faire une œuvre méritoire, en forçant les Juifs à se convertir. Quelle différence entre le regne de Louis XVI & celui de Dagobert I, de Léon l'Isaurien, qui leur laissoit l'option du baptême ou de la mort (1); Edit cruel qui dépouille l'homme de sa liberté sur un article auquel la politique n'a pas droit de toucher. Plus humain & plus sensé, Grégoire IX défendit, sous peine d'excommunication, de contraindre leur conscience, de troubler leurs fêtes, de violer leurs cimetieres, &c. (2). Nos tribunaux ont réprimé le zele indiscret qui enlevoit des enfans juifs impuberes, pour les faire Chrétiens. Les Pontifes eux-mêmes ont défendu d'envahir ainsi les droits de la paternité, & la constitution de Clément XIII, en 1764, ne faisoit que renouveller celle de Jules III, portée deux cent treize ans auparavant. Cependant actuellement encore notre langue a peu de termes qui affectent aussi diversement les esprits, que les mots *tolérance* & son composé; tour-à-tour ils sont devenus le refrain de l'impiété qui vouloit accueillir jusqu'aux erreurs, & du zele sanguinaire qui vouloit proscrire même les perſonnes. Le chriſtianiſme montre ce juſte milieu qui ſauve les droits du Créateur, ſans bleſſer ceux de la créature, & qui ouvre ſon ſein à des freres errans, ſans jamais l'ouvrir à l'erreur.

J'avance ici une vérité qui, pour avoir l'air paradoxal, n'en eſt pas moins une vérité dont j'offre la preuve : c'eſt que le Clergé, cité tant de fois comme intolérant, eſt le corps qui pratique le mieux la vertu contraire, ſi par tolérance on entend cette raiſon lumineuſe qui prêche l'adhéſion inébranlable aux vérités révélées, & cette bonté conſtante qui veut que tous les Chrétiens faſſent ligue pour ſe dévouer ſolidairement au bonheur de tous les hommes. Un des emblêmes touchant de notre divin Fondateur, c'eſt la figure d'un agneau, une de ſes maximes admirable eſt celle-ci : *Apprenez de moi que je ſuis doux & humble de cœur;* & ces mots de l'évangile : *Contrains-les d'entrer*, n'indiquent que les exhortations preſſantes & les prieres ferventes de la charité. Le Sauveur n'avoit garde de donner à ſa religion un caractere de violence qui l'eût rendue odieuſe ; il condamna les diſciples dont le zele indiſcret vouloit attirer le feu du ciel ſur une ville qui ne l'avoit pas reçu. *Charité*, eſt le cri de l'Evangile, & quand je vois des Chrétiens perſécuteurs, je ſuis tenté de croire qu'ils ne l'ont pas lu. Déchirez-le, ou ſuivez-en la morale (3).

On trouve trop ſouvent des hommes de fer qui paraphraſent & profanent le terme de miſéricorde ; ils ont la généroſité de chérir les humains à deux mille ans ou deux mille lieues de diſtance ; leurs cœurs s'épanouiſſent en faveur des Ilotes & des Negres, tandis que le malheureux qu'ils rencontrent obtient à peine d'eux un regard de pitié. Et voilà à notre porte les rejettons de ce peuple antique, des freres déſolés, à la vue deſquels on ne peut ſe défendre d'un déchirement de cœur, qui, depuis quinze ſiecles, n'ont pas vu luire le bonheur ſur leur tête ; ils n'ont trouvé auprès d'eux que des outrages & des tourmens, dans leur ame que des douleurs, dans leurs yeux que des larmes. S'ils ne ſont point aſſez vertueux pour mériter des bienfaits, ils ſont aſſez malheureux pour en recevoir, & quand même l'ingratitude dévoreroit la main de la bienfaiſance, votre action porteroit encore avec elle ſa récompenſe. Tant qu'ils ſeront eſclaves de vos préjugés, & victimes de votre haine, ne vantez pas votre ſenſibilité. Dans leur aviliſſement actuel, ils ſont plus à plaindre que coupables ; & telle eſt leur déplorable ſituation, que pour n'en être pas profondément affecté, il faut avoir oublié qu'ils ſont hommes, ou avoir ſoi-même ceſſé de l'être.

Enfans de l'évangile, la religion que vous profeſſez,

feſſez, embraſe, par les liens de l'amour, tous les mortels non ſeulement de tous les pays, mais encore de tous les ſiecles. Eſt-ce ſa faute, ſi vous méconnoiſſez vos devoirs envers la poſtérité? Elle veut qu'attendris ſur le ſort même des générations futures, vous prépariez le bonheur à ceux qui dorment encore dans le néant, & qui ne viendront à l'exiſtence, que lorſque vous dormirez dans la pouſſiere. Vous venez de naître, & bientôt déja le vermiſſeau ſe traînera ſur vos monumens. Ne laiſſerez-vous que vos cadavres aux hommes de l'avenir? Qu'ils apprennent dans votre exemple ce que vous aurez été envers les Juifs, & ce qu'ils doivent être. Puiſque la vie eſt ſi longue pour le mal, & ſi courte pour le bien, hâtez-vous d'acquitter cette dette, ſans quoi vous partirez inſolvables. Appliquons ici l'inſcription gravée ſur le monument de Londres, *poſteri, poſteri, veſtra res agitur.* Poſtérité, il s'agit ici de tes intérêts les plus chers : tu attends de nous des citoyens vertueux : te laiſſerions-nous une race d'hommes que nous aurions forcés à devenir pervers? ce ſeroit répandre des germes funeſtes qui ſe développeroient dans ton ſein, & tranſmettroient peut-être des principes de corruption aux ſiecles les plus reculés. Anticipons un moment ſur les temps futurs, pour paroître au tribunal de nos neveux, & recueillir les sentimens de leur gratitude ou leurs malédictions.

Quelques personnes avoient craint que notre projet ne fût contradictoire aux Prophéties, qui dévouent les Juifs à l'opprobre: elles se sont rassurées par les considérations suivantes. Les oracles qui annoncent la désolation d'Israël, montrent dans le lointain l'instant qui doit la terminer; & quand même avant cette époque nous allégerions les fers de ce peuple, il seroit également sans sceptre & sans autel. Sans autel, car en accordant aux Juifs la liberté de conscience, nous ne leur rendrons pas le temple de Jérusalem; sans sceptre, on s'en doute bien, nous ne verrons pas de Juifs ceindre le diadême, & en leur accordant une terre de Gessen, nous n'irons pas choisir nos Pharaons chez eux.

N'essayons donc pas de rendre la religion complice d'une dureté qu'elle réprouve; en prédisant les malheurs de la nation juive, l'Eternel n'a pas prétendu justifier les barbaries des autres; & si en qualité d'instrumens de sa vengeance, pour accomplir les prophéties, nous nous prétendions innocens, on auroit bientôt justifié la trahison de Judas. Nous n'avons pas comme Julien, le projet sacrilege de donner un démenti à la Divinité: & si l'heure n'est pas encore venue de ramener les Juifs au bercail, elle ſaura, comme diſoit Gamaliel, veiller à l'accompliſſement de ſes décrets; mais nos tentatives infructueuſes, juſtifiées par leur motif, obtiendroient encore l'approbation du ciel. D'ailleurs il dirige les événemens d'une maniere conforme à ſes vues ſuprêmes, & peut-être il nous réſerve la gloire de réaliſer ſes deſſeins, en préparant par nos bontés la révolution qui doit régénérer ce peuple. Il viendra cet heureux jour, & peut-être touchons-nous à ſon aurore. Il eſt donc prouvé que le vœu de la religion eſt d'adoucir le ſort de la nation juive; & ſi quelques déciſions canoniques paroiſſent contraires à ce plan, on ſe ſouviendra que ces décrets ne furent jamais ſanctionnés par l'autorité de l'égliſe univerſelle; que d'ailleurs, étant relatifs aux circonſtances, ou dictés par la prévention, ils doivent être abrogés lorſque les circonſtances changent, ou que la prévention s'éclaire.

Rien de mieux établi dans la bible que le reſpect dû aux puiſſances. Celles-ci, à leur tour, n'inſpectant que la vie préſente, doivent reſpecter les principes religieux des citoyens, à moins qu'ils ne ſoient de nature à troubler l'Etat. On a dit avant moi que la ſoumiſſion, à la vérité, eſt un acte de la volonté, que les forces humaines ne peuvent rien ſur l'ame, que du corps elles ne peuvent tirer que de la douleur. L'arrêt du *Jésumi* au Japon, & les sermens de *Suprématie* & du *Test* en Angleterre, sont des attentats sur les droits imprescriptibles de l'homme. Cette discussion ne nous éloigne pas de notre these, elle établit que la réforme du peuple juif est un acte obligatoire, une dette de la part des Souverains, & la justice, n'en déplaise à une politique fausse, fut toujours conforme à leurs intérêts ; c'est une loi éternelle, que ce qui est utile dérive de ce qui est juste.

L'entiere liberté religieuse accordée aux Juifs, sera un grand pas en avant pour les réformer, & j'ose le dire, pour les convertir ; car la vérité n'est persuasive qu'autant qu'elle est douce ; la vérité, dit-on, déchire quelquefois le sein qui l'enfante. Voilà une série de vérités dont je serai constamment l'apôtre, & s'il le falloit, le martyr. Mais les Protestans, va-t-on nous dire, réclameront les mêmes privileges. Nous avons posé les principes, & quoi qu'en leur faveur nous tirions les mêmes conséquences, on voudra bien reconnoître le Catholique fidele & le citoyen soumis dans l'humble écrivain qui présente ses idées avec une circonspection timide, & qui n'eut jamais l'orgueilleuse prétention de dicter des loix à l'autorité suprême.

Nos loix fiscales sont loin de réclamer contre

un projet dont l'adoption ſimplifieroit leurs opérations ; car les Edits burſaux enveloppant alors tous les citoyens dans la même forme de contributions proportionnelles, l'art des finances généraliſera ſa marche devenue plus aiſée par la ſuppreſſion des modifications embarraſſantes.

Voudroit-on nous allarmer ſur l'exceſſive multiplication des Juifs : car ſelon Michaélis, dès qu'on leur ouvrira la porte de la liberté, ils afflueront de toute part, & inonderont le pays. Si les divers Etats, ou du moins un certain nombre leur accordent cette grace, l'affluence ſera moins abondante ou nulle, & alors l'objection tombe ; mais dans la ſuppoſition qu'un ſeul veuille réaliſer la réforme, la réponſe eſt ſimple : ne recevez pas les étrangers, bornez-vous à réformer les régnicoles ; & ſi cependant vous adoptez les autres, écartez des terreurs vaines, les riches vous apporteront leur fortune, les pauvres leurs talens & leurs bras.

Craindroit-on que les Juifs n'abuſaſſent de ces faveurs, & qu'un jour le ſerpent ne bleſſât le ſein qui l'auroit ranimé ? On leur reproche d'avoir excité pluſieurs ſéditions dans les premiers ſiecles de l'ere chrétienne ; c'étoit la triſte ſuite des rigueurs exercées contr'eux : oublions des crimes qui nous rappellent les nôtres. Le peuple ne s'agite jamais que pour ſortir de la miſere ; quand on lui permet de goûter en paix les fruits de son travail, quand on ne combat ses erreurs qu'avec les armes de la persuasion, il n'est pas factieux. L'Etat n'a point de convulsions à redouter, & nos paisibles Israélites n'ayant plus le goût du prosélytisme, ni le génie turbulent des Sectaires, il sera toujours facile de les maintenir dans la dépendance.

Qu'on nous montre dans la constitution morale des Juifs, quelque chose qui s'oppose à une forme de gouvernement quelconque ; le choix des moyens pour régénérer ce peuple, est la seule chose qui embarrasse les Souverains ; car tous desirent cette réforme. Trop long-temps ils se sont privés de l'industrie d'un peuple qui, bien dirigé, eût avancé le regne de la prospérité publique. Le citoyen sensé s'écrie depuis long-temps : pourquoi faut-il que la maison du Juif, mon voisin, m'offre un individu proscrit ? Donnez-moi dans sa personne un être utile qui, partageant avec moi les charges & les avantages de citoyen, puisse alléger mon fardeau, & avoir part à ma tendresse.

CHAPITRE XX.

Quels effets ont produit les loix récentes publiées en faveur des Juifs chez les nations voisines, & ce qu'on peut en inférer. Quelle sera l'influence de la réforme des Juifs sur le commerce national, & cette réforme n'altérera-t-elle pas ce qu'il y a de louable dans leur constitution morale?

En 1753, un bil du Parlement anglois accorda aux Juifs les droits de l'homme & du citoyen. Treize ans auparavant dans le royaume de Naples, un acte émané du trône, leur assuroit les mêmes avantages dans ces deux royaumes. Leur joie fut passagere, la corruption du ministere anglois, selon les uns, la résistance farouche du peuple, selon d'autres; à Naples la superstition, ou plutôt, comme nous l'avons déja dit, les libertinages des Juifs, firent révoquer des loix si honorables pour les législateurs, si consolantes pour les Hébreux.

Il paroît cependant que les gouvernemens actuels veulent expier les torts des siecles passés. L'Espagne abolit, il y a quelques années, la distinction d'anciens & de nouveaux Chrétiens, mais sans permettre à quelques Juifs cachés dans ses

Etats, de déchirer le voile hypocrite dont ils s'enveloppent. En France, les Lettres-patentes du Roi, regiſtrées à Colmar en 1784, accordent aux Juifs divers privileges, & les exemptent de péages corporels qui les aſſimiloient aux plus vîls animaux. On ſait que l'Empereur a fait plus encore en leur faveur.

Demandez-vous quels effets ont réſulté de ces tentatives? pour le ſavoir j'ai conſulté les feuilles périodiques, les voyageurs, mes correſpondans & mes yeux. Le réſultat eſt d'avouer qu'en Empire, comme en Alſace, il y a du mieux, mais que les progrès ne ſont pas bien marqués. Le Juif inſouciant, & faiſant peu de cas de l'opinion publique, eſt toujours livré à des ſpéculations baſſes, parce qu'on n'a pas dirigé d'une maniere efficace ſon génie vers d'autres objets que le commerce. Pour réformer les Juifs, ne croyons pas qu'il ſuffiſe de leur accorder des Lettres de naturalité; les Juifs portugais qui jouiſſent en France de ce bienfait, depuis le regne de Henri II, ont ordinairement des connoiſſances ſenſées, des ſentimens plus délicats que les autres Juifs. Calomniés ſous Henri III, ils furent juſtifiés d'une maniere éclatante, cependant ils ne ſont pas encore françois, & l'œuvre de leur changement n'eſt encore que commencée.

L'éducation & la légiſlation n'atteignent jamais leur but, qu'en adoptant une marche graduellement réglée ſur les circonſtances & la néceſſité. Ce but eſt ſouvent manqué, parce que les méthodes & les loix ne ſont point adaptées au génie national, ou parce qu'on n'a pas diſpoſé le génie national à les recevoir; & s'il étoit permis à l'humble citoyen d'opiner ſur les actions d'un Souverain, je dirois que l'Edit impérial a le défaut eſſentiel de franchir tous les intermédiaires. Il eſt arrivé delà, qu'en Gallicie & Lodomerie, on s'eſt vu contraint de leur ôter pluſieurs privileges & de reſtreindre les autres (1); il falloit préalablement diſpoſer les eſprits pour diriger les cœurs, répandre des livres & des idées préparatoires, faire concourir les Rabbins & les Chrétiens à ce grand ouvrage, donner une autre tendance au génie hébraïque, l'électriſer par le deſir de la liberté pour en augmenter le prix, accorder une grace pour en faire eſpérer & mériter une autre, montrer aux Juifs la fortune dans le chemin de l'honneur, les fondre pour ainſi dire dans la maſſe nationale, au point d'en faire des citoyens dans toute l'étendue du terme: en un mot, tracer un plan qui, embraſſant tous les détails, employât tous les moyens; & cette marche plus lente eût accéléré la conſommation de l'ouvrage, l'accompliſſement des vœux de Joſeph II.

Un grand avantage, c'eſt de pouvoir appliquer le même plan de réforme à toute la nation; car, comme nous l'avons obſervé, ſon caractere eſt identique : mais quels que ſoient les moyens de l'opérer, ils n'obtiendront jamais leur effet qu'autant qu'on s'occupera ſérieuſement de ce projet bien lié, rédigé avec maturité, exécuté avec vigilance & fermeté. Si l'on ſe borne à quelques réglemens vagues, bientôt on verra échouer des efforts mal combinés, & l'amour propre intéreſſé à juſtifier la fauſſeté de ſes moyens, rejettera le défaut de ſuccès ſur l'impoſſibilité prétendue de régénérer ce peuple. L'œil du Souverain doit y ſurveiller, ou du moins les exécuteurs de ſes ordres doivent être des hommes & non des sangſues qui ſuceroient la ſubſtance de nos malheureux Juifs, & leur feroient acheter les faveurs du gouvernement.

Quelle ſera l'influence de ce peuple régénéré ſur le commerce national? Elle ſera nulle ou preſque nulle, puiſque la prudence veut qu'on dirige l'eſprit judaïque vers d'autres objets que le commerce. Il n'en ſera pas de même des arts & métiers, lorſque dégagé d'entraves, le Juif ſera au pair avec le Chrétien, le public recueillera les fruits d'une rivalité qui éclairera les arts, perfectionnera l'induſtrie, enchaînera le monopole, & maintiendra le bas prix.

A force d'encourager les Juifs, inſenſiblement ils adopteront notre maniere de penſer & d'agir, nos loix, nos uſages & nos mœurs. Mais nos mœurs, gagneront-elles en les adoptant? J'ai toujours craint cette queſtion.

Qu'on ſuppoſe un pays, où mis à part le petit nombre des ſages, une partie de la nation auroit de la religion ſans la raiſonner, & l'autre déraiſonneroit pour n'en point avoir, où ce qu'on appelle honneur ne ſeroit qu'un brillant fantôme ſubſtitué à la vertu, où jaloux de capter l'eſtime publique on s'inquiéteroit peu d'être ce qu'on veut paroître, où l'impérieuſe frivolité refuſeroit au mérite des hommages prodigués aux fantaiſies de la mode & aux travers du bel eſprit, où le grand nombre incapable de grandes vertus & même de grands crimes, n'auroit que des paſſions empreintes du caractere de la baſſeſſe : je le demande, de telles mœurs ſeroient-elles un modele à préſenter? & ſi ces mœurs étoient les nôtres, ne faudroit-il pas appréhender que les Juifs, après avoir été artiſans de notre luxe, & témoins de notre dépravation, n'en fuſſent bientôt les victimes? Quelques avantages qu'ils puſſent ſe promettre en devenant citoyens, s'il étoit ſûr qu'ils dussent perdre du côté moral, il faudroit sans hésiter les laisser végéter dans leur opprobre. Voilà l'objection dans toute sa force ; cependant on peut opposer à ces craintes des considérations qui nous rassurent.

On pourroit dire que les Juifs étant enfans de l'Etat, ont droit d'être traités comme tels ; que les inconvéniens dont on a parlé, n'étant pas nécessairement liés à leur réforme, leur droit reste irréfragable, & que d'ailleurs on est tenu de satisfaire un créancier, même en prévoyant le mauvais usage qu'il fera de son argent. Les Juifs pourroient s'étayer de ces argumens sur lesquels nous n'insistons pas, on leur contesteroit peut-être la dette, dans la crainte d'être obligé à payer les arrérages.

Nous remarquerons seulement que le bien à espérer de leur réforme est sûr, & que le mal à redouter est incertain. Le relâchement des mœurs ne s'introduiroit que difficilement parmi les membres d'une nation qui ne se regarderoit jamais que comme tolérée, malgré l'extension de ses privileges. Leur religion les soumet d'ailleurs à une foule d'observances peu compatibles avec le ton brillant de nos sociétés dépravées, & qui les tenant toujours à une certaine distance du luxe, les sauveroit de la contagion, ou en amortiroit l'impression. Imbus par une éducation plus saine, d'une morale plus ſolide, & pénétrés de nos bontés conſtantes, ils apprendroient à aimer des ennemis trop généreux pour être haïs, en ſorte qu'ils acquerroient de la ſociabilité, des ſentimens, des vertus, ſans perdre l'antique ſimplicité de leurs mœurs. S'il faut appeller l'expérience à l'appui du raiſonnement, nous citerons de nouveau les Juifs de Berlin, de la Haye, de Bordeaux, qui ſont plus rapprochés qu'ailleurs de l'état de citoyen. On ne peut aſſigner aux propoſitions morales, le degré de certitude des théorêmes; mais quand il faut opter entre deux partis qui préſentent des avantages & des inconvéniens, on doit les comparer, les peſer, & voir de quel côté la balance incline; évidemment elle penche ici en faveur de la réforme, & l'expérience levant tous les doutes doit fixer l'irréſolution. Rendons les Juifs citoyens; régénérés tant au phyſique qu'au moral, ils acquerront un tempérament plus ſain, plus robuſte, des lumieres, de la probité: leurs cœurs dirigés à la vertu, leurs mains endurcies au travail, tourneront au profit de la grande ſociété.

Eux-mêmes atteindront le degré de félicité que comporte ce bas monde, où nous ne ſommes pas chez nous, car vertu & bonheur ſont ſynonymes; & ſi quelqu'un affectoit d'en douter, nous ne perdrions pas notre temps à le lui prouver.

Par cette révolution nous gagnerons des amis, & l'Etat un surcroît d'industrie & de richesses. Tout ce qu'on vient de dire sert de prémisses à ces conséquences.

CHAPITRE XXI.

Considérations sur le commerce des Juifs; quelles bornes on doit y mettre.

Bielfeld assure qu'un Etat commerçant ne sauroit tout-à-fait se passer de Juifs (1). Et pourquoi ne le pourroit-il pas? Tyr & Carthage ont fleuri sans eux. Geneve, Brême, Ausbourg & Nuremberg n'en ont point, & même cette derniere ville ne les souffre pour quelques momens dans ses murs, que sous l'escorte d'une garde qui tranquillise le gouvernement sur leurs démarches. A Ausbourg, ils payent un florin par heure, à Brême, un ducat par jour. Ce raisonnement simple détruit en même temps l'asseriton du Spectateur anglois, qui les considere comme les chevilles & les cloux absolument nécessaires pour lier les parties d'un grand édifice (2). Leurs fonctions mercantilles sont-elles de nature à ne pouvoir être exercées par d'autres mains? Faut-il absolument tenir à la synagogue pour acheter des fonds de boutique, s'occuper à la friperie, & s'employer à la remonte de la cavalerie?

On a demandé quelquefois s'il ne seroit pas expédient de leur interdire tout commerce. Ce seroit l'équivalent d'assassiner des malheureux qui, privés tout à coup du seul moyen qui leur reste pour avoir du pain, ne pourroient plus se sustenter que par le vol, au défaut du trafic.

Faudra-t-il aussi les aggréger au corps des Marchands? Cette question qui, dans plusieurs Tribunaux a causé des débats forts aigres, eût été décidée facilement, si on n'avoit consulté que la raison & l'humanité. Celle-ci auroit invoqué la commisération en leur faveur, & l'autre auroit fait leur apologie. Elle auroit pu alléguer leur soumission aux Puissances, leur résignation dans le malheur, leur activité dans tout ce qui s'appelle commerce de détail (3): avec autant de patience, de sobriété & d'économie que les Marchands arméniens, ils ont plus de sagacité pour épier l'occasion, pour la saisir.

Dans chaque pays il y a des branches de commerce, des manufactures abandonnées ou languissantes, & l'on supplée à la paresse nationale en important de chez l'étranger. Voilà de vraies mines d'or que le Juif, industrieux pour tout ce qui est lucratif, sauroit exploiter, outre l'avantage de leur fournir par-là des occupations & des moyens de vivre, pour peu qu'ils fussent encouragés par le ministere; bientôt ils feroient baisser le prix des marchandises importées, & empêcheroient le numéraire de passer chez l'étranger. Mais lorsqu'enfin leurs ouvrages auroient acquis une supériorité décidée, ils voudroient peut-être tyranniser les acheteurs, en réglant les prix d'après leur avarice (4). Peut-être aussi que, sous prétexte de faire le cabotage ou d'exploiter leurs ouvrages, quelques-uns se livreroient au commerce interlope : dans ces deux cas on séviroit contr'eux, en rectifiant les loix trop peu séveres qui punissent le monopole, & les loix trop séveres qui punissent la contrebande.

Tant que les Juifs pourront subsister par le commerce & l'usure, ils le feront; mais n'oublions pas qu'il est essentiel de les éloigner de cette route, & de les porter vers d'autres objets pour éteindre ou amortir en eux l'esprit d'usure : & si, pour opérer une révolution, on croit qu'il soit essentiel de le leur interdire, il faudra partir de la date de l'Edit promulgué, laisser un intervalle de quelques années pour les préparer à cette réforme; mais alors il paroîtroit aussi juste que nécessaire, de ne pas y soumettre les individus mariés, ou qui, sans l'être, auroient vingt ans; car le Juif lié à cet état ou parvenu

parvenu à cet âge, a probablement formé son plan d'occupation pour la vie; il a pris son pli, & vouloir le soumettre à la prohibition, ce seroit en pure perte torturer son génie, & peut-être renverser l'édifice de sa fortune.

L'Edit que nous avons proposé n'offre aucun de ces inconvéniens. 1°. Il leur laisse la liberté du commerce, en faisant les échanges à prix comptant. 2°. Il ne les expose pas à être frustrés de ce qui leur est dû, parce que n'ayant pas force rétroactive, il laisse subsister toutes les créances antérieures à sa promulgation; & en le publiant, on reculeroit de quelques années le moment où il commenceroit à être en vigueur. Le Juif qui, dans un avenir peu éloigné verra les entraves préparées à son commerce, s'assurera d'autres moyens de fortune, quoiqu'on le dise ennemi du travail manuel, & son fils qui grandit, cherchera dans l'exercice d'un métier une subsistance assurée.

C'est ici le cas d'observer que dans les commencemens de la révolution, prudemment il faudroit leur interdire des occupations d'un certain genre, comme la tenue d'auberge, chose si commune en Pologne; cet état facilite les manipulations pernicieuses, les falsifications de comestibles, il laisse trop à l'arbitraire les taxations de dépens, conséquemment, en leurs mains, il préſenteroit une invitation à la fripponnerie, & préparerꝺit aux voyageurs des vexations pécuniaires & des dangers pour la ſanté. Eloignons-les encore de toutes fonctions qui les conſtitueroient receveurs d'impôts, gabelleurs, caiſſiers, douaniers, procureurs & autres qui donnent trop de facilité pour commettre des concuſſions, pour faire la maltôte & la contrebande, car il ne faut jamais perdre de vue le caractere du peuple qu'on ſe propoſe de rectifier.

CHAPITRE XXII.

Il eſt abuſif d'aſſigner aux Juifs des quartiers ſéparés, il faut les diſperſer parmi les Chrétiens.

DANS les premiers ſiecles de la diſperſion, les Juifs ont ſouvent tenté de ſe rétablir en corps national ; des brigands s'en déclaroient libérateurs, & des milliers d'hommes voloient ſous l'étendard de la révolte. Mais en voulant ſecouer leurs chaînes, ils les ont toujours rendues plus peſantes ; leurs efforts n'aboutirent jamais qu'à les couvrir de confuſion, à leur produire de nouveaux malheurs. Trois hommes d'entre les Chrétiens paſſent pour avoir formé, chacun en particulier, le projet ou du moins le desir de rassembler les Juifs dans quelques coins du globe. La Peyrere au siecle dernier (1); dans le nôtre, le Duc de Riperda mort à Tetuan en 1737, & le Marquis de Langallerie mort en prison à Vienne, vingt ans auparavant. Les isles de l'Archipel étoient, dit-on, l'asyle que ce dernier destinoit au peuple hébreu. Ces projets, dignes de leurs auteurs, sont enterrés avec eux. Supposons toutefois qu'ils eussent fait des tentatives efficaces pour réunir ce peuple, seroient-ils parvenu à former un gouvernement bien organisé? Non, ils n'eussent rassemblé que des fanatiques dont le fanatisme eût empiré journellement, parce qu'enivrés d'une prospérité passagere, ils auroient cru bonnement que le Messie alloit paroître pour leur donner l'empire du monde, & soumettre tout à Israël. Réunir les Juifs pour les guérir de leurs préjugés, c'est jetter du souffre sur un brasier pour en éteindre l'activité. Il est essentiel de les isoler, de rompre, autant que faire se pourra, toute communication entr'eux.

Il semble qu'on ait cru pouvoir limiter leur population en limitant l'étendue de leurs habitations; car on leur a presque toujours assigné des quartiers à part, où ils n'ont la liberté de s'étendre qu'en hauteur; & pour ne citer que notre province, nous dirons que telle est la disposition formelle d'un Arrêt du Conseil d'Etat de Léopold, en 1726. Cet usage universel admet très-peu d'exceptions; quelques villes d'Italie ont même conservé l'usage de les enfermer tous les soirs dans le Ghetto: ainsi nomme-t-on les rues séparées qui leur sont accordées; & je ne sais si on trouve encore sur une des portes du Ghetto de Padoue, cette inscription : *Ne populo cœlestis regni hæredi usus cum exhærede esset.*

Pochmer nous permettra de n'être pas de son avis, lorsqu'il approuve & conseille cet usage, sous prétexte que le mêlange des Juifs avec nous, sert à nourrir l'aversion contr'eux (2). On pourroit d'abord lui contester la justesse de cette remarque; il semble au contraire qu'en isolant les Juifs on alimente la haine des Chrétiens, en lui montrant son objet d'une maniere plus précise. Considérons d'ailleurs que la religion de jour en jour mieux connue, appuie les droits de l'humanité en ralliant les cœurs, & que les Chrétiens d'aujourd'hui ne sont pas ceux du douzieme siecle. Nous avons mentionné les traitemens que les Juifs essuyoient autrefois à Toulouse & à Béziers; mais si actuellement un bourgeois de ces villes, oubliant les maximes évangéliques, outrageoit un Juif, la sévérité la plus grande réprimeroit à coup sûr un attentat également lâche & cruel.

Aux inconvéniens que Pochmer a cru voir dans le mêlange des Juifs avec nous, on peut oppoſer les dangers plus réels, qui réſultent de leur ſéjour dans des quartiers ſéparés. C'eſt dans ces triſtes réduits que fermente ſans ceſſe un air peſtilentiel & très-propre à répandre ou même à cauſer des épidémies (3). C'eſt là que les Juifs ſont toujours un peuple à part, & qu'ils concèntrent leur miſere & leurs préjugés. Ces préjugés s'enracinent d'autant plus qu'ils ſont ſoutenus par l'exemple & l'enthouſiaſme, car l'enthouſiaſme & l'exemple agiſſent par le rapprochement des individus, & le Juif, plus qu'un autre, eſt facilement ſubjugué par ces deux moyens : ſon ignorance & ſes principes le diſpoſent à la ſéduction. Lorſqu'enſuite on veut détromper un peuple égaré par ces deux voies, on en a meilleur compte en le prenant en détail, qu'en travaillant ſur une quantité réunie.

Preſque tous les Juifs deſirent la facilité de ſe diſperſer, parce qu'elle donne plus d'extenſion à leur liberté & à leurs moyens de fortune ; mais je tiens de ſcience certaine que les plus ſenſés d'entr'eux la ſouhaitent encore par un autre motif. On conçoit qu'ayant des connoiſſances plus lumineuſes, & des ſentimens plus exquis qu'une populace noyée dans les préjugés & le cagotiſme, ils s'ennuient d'un voiſinage où ils échappent plus difficilement aux tracaſſeries de l'ineptie fanatique. Croiroit-on, par exemple, qu'à Metz, la Synagogue a dreſſé procès-verbal, & voulu intenter action judiciaire contre quelques jeunes Juifs coupables du crime abominable de vouloir être propres. Ils poudroient leurs cheveux. En conſéquence un célebre Avocat de Metz (4) fut conſulté par les intimés ; il eſt fâcheux que ſon Mémoire n'ait pas paru, il eût charmé le public, & couvert la Synagogue d'un ridicule ineffaçable.

La conſéquence à inférer de ce chapitre eſt donc que non ſeulement les Juifs auront la liberté de s'établir indiſtinctement dans tous les coins de la Cité, mais qu'en ſus on limitera le nombre de ceux qui pourront habiter en chaque lieu, ſuivant l'étendue de la ville ou du village, & ce nombre completté, les autres ſeront obligés de refluer ailleurs, ſans que les Seigneurs ni les Municipalités puiſſent refuſer les requérans, dès que payant les droits d'entrée (bien entendu), ils auront un logement, & qu'ils exhiberont la preuve de l'impoſſibilité à reſter dans le lieu d'où ils ſortent. On ne recevra dans les villages que ceux qui ſeront artiſans ou artiſtes, fermiers ou propriétaires, ſans quoi l'Iſraélite du hameau ſeroit bientôt l'uſurier, le maltôtier, le vautour du canton.

En donnant au Juif des relations permanentes avec tous les citoyens, nous verrons la sensibilité l'attacher à ce qui l'entourera ; & ses liaisons multipliées avec nous, donneront plus de prise pour battre en ruine ses préjugés.

CHAPITRE XXIII.

Faut-il laisser aux Juifs le droit d'autonomie, ou restreindre ce droit?

On nous dispensera sans doute de répéter ce que nous avons dit & prouvé sur la nécessité de leur accorder la liberté de conscience avec les droits qui en dérivent directement. Le ministere veillera pour garantir à chacun la jouissance des droits naturels dans les affaires du salut ; conformément aux constitutions des Papes, on ne baptisera pas les enfans juifs au-dessous de l'âge de raison, sans l'aveu de ceux qui leur ont donné la vie. Nous exceptons de cette loi les illégitimes portés dans les hôpitaux. Lorsqu'en âge de choisir, un enfant embrassera le catholicisme, il ne sera pas soustrait à la puissance paternelle, à moins de sévices prouvés ou fortement présumés. Cette présomption bien établie, suffira pour qu'il devienne pupille de l'Etat. On pense bien que par menaces ou mauvais traitemens, des peres fanatiques enchaîneront la volonté des enfans qui pencheroient au christianisme, qu'ils tenteront de déshériter ceux qui se seroient convertis. Il faut donc qu'alors ceux-ci puissent se réfugier avec sûreté sous les aîles de la Justice, & que la tendresse de la patrie surveille leurs biens & leur vie.

Le Concile de Basle avoit ordonné qu'on formât d'habiles Professeurs pour travailler à la conversion des Juifs. Un politique du seizieme siecle vouloit que, pour opérer cette conversion, ils fussent reçus bourgeois de Paris, & obligés une fois la semaine d'assister à la Sorbonique (1), où l'on combattroit leurs erreurs. Dans le même siecle, en 1584, Grégoire XIII ordonna des instructions hebdomadaires pour les Juifs. Divers Souverains ont statué la même chose; & cet usage de les prêcher, qui a cessé dans la Hesse, dans la Principauté de Colemberg & à Metz, se soutient en Italie. On sait avec quels succès le Pere Marin prêchoit la controverse aux Hébreux d'Avignon.

Obliger les Juifs à s'instruire, n'est pas les forcer à se convertir, & je pencherois à croire que les soumettre à l'audition de quelques discours, ce n'est pas contrarier les droits de l'humanité;

ou prouvez-moi que l'Etat ne peut obliger ses sujets à l'acquisition des lumieres. Peut-être même le gouvernement pourroit-il utilement employer cette voie pour instyler dans les esprits & les cœurs des principes raisonnés sur toutes les branches des devoirs du citoyen ; mais qu'alors rien n'annonce les duretés ni la contrainte, nous ne voulons que des conférences aussi amicales que celles de Limborch & d'Orobio.

Ici revient la question s'il faut laisser aux Juifs leurs loix & leurs usages, question agitée tant de fois, & en dernier lieu débattue avec feu dans l'affaire du Juif Peixotto qui vouloit répudier sa femme (2). Si on leur permet d'être Juifs, disoit le défenseur du mari, il faut aussi leur permettre de vivre selon les loix des Juifs. Après avoir contracté des mariages suivant le rit mosaïque, ne pourroient-ils les rompre en vertu du même rit ? & si on leur défend le divorce, il faut aussi leur défendre tout ce qui est de la religion judaïque. Cette conséquence est très-fausse, & l'Avocat adverse (M. Target) répliquoit : Si on leur permet de vivre selon leurs loix, il leur sera donc également permis d'avoir plusieurs épouses, de lapider les femmes adulteres, & les filles qui, &c. Cette réponse paroît victorieuse, Peixotto perdit, & le mariage fut confirmé.

Dans la Hesse on a défendu aux Rabbins la connoissance du divorce, quoique communément là, ainsi qu'ailleurs, on leur attribue pouvoir de juger les causes matrimoniales. Le divorce & le lévirat ne sont pas contraires à la loi naturelle ni à la loi mosaïque; mais ces causes étant de nature à influer très-peu sur notre projet, nous dirons : *Non nostrûm tantas componere lites.* Seulement défendons aux Juifs le mariage dans les degrés prohibés par nos loix, le croisement des races étant au nombre des moyens requis pour régénérer un peuple dont le physique est dégradé.

Pendant les quatre premiers siecles, les Juifs ont joui en plusieurs pays du droit d'autonomie, sur-tout à la faveur de la politique romaine qui s'attachoit les peuples vaincus, les municipes, en leur laissant leurs loix & leurs usages. Le Digeste loue les Rescrits de Severe & d'Antonin qui admettoient les Hébreux aux emplois publics. A Antioche, leur chef de magistrature portoit le nom d'Archonte ; en Egypte, ils avoient des Ethnacques; leur Sénat d'Alexandrie composé de quarante-huit membres, étoit présidé par l'Alabarque également Juif, & l'on voit ceux de Berenice en Afrique, composant avec les autres citoyens une magistrature réguliere, & formant des décrets publics (3).

Actuellement encore en diverſes contrées, ils ont droit de premiere inſtance pour les difficultés qui s'élevent entr'eux. A Bordeaux, à Metz, &c. ils ont des Syndics, des aſſemblées d'anciens qui reglent leur régime intérieur, & dont les ſtatuts ſont ſanctionnés par l'autorité publique. On leur a laiſſé la plupart de leurs uſages, parce qu'on a vu que chez eux la religion s'étend à toutes les branches de légiſlation juſqu'aux moindres détails de police. Leur Sanhédrin jugeoit les cauſes eccléſiaſtiques & civiles.

Mais diſtinguons dans la loi moſaïque ce qui tient eſſentiellement à l'exercice du culte, de ce qui n'eſt qu'objet de juriſprudence civile & criminelle, ce ſont des choſes ſéparables. Accordons aux Juifs entiere liberté ſur le premier article, & dans tout ce qui n'intéreſſe pas les biens la liberté, & l'honneur du citoyen, mais qu'en tout le reſte ils ſoient ſoumis aux loix nationales. Laiſſons donc aux Rabbins droit de ſentence dans les choſes qui concernent purement le rit religieux, ſans aucune relation à l'état civil. Un Arrêt du Parlement de Metz, rendu en 1749, leur défend de prononcer l'excommunication, & aux Juifs de la ſtipuler dans leurs compromis. Si cependant on leur laiſſe le droit de la lancer, il faut que, bornée aux effets nuement religieux, elle n'en ait aucun dans la ſociété politique, & ne puiſſe jamais infâmer un citoyen comme fit la Synagogue d'Amſterdam envers Uriel Acoſta. Pour obvier aux inconvéniens, il y aura toujours appel à nos Tribunaux.

C'eſt très-abuſivement qu'en Alſace & dans quelques Etats d'Allemagne on permet aux Rabbins d'exercer les fonctions de Notaire, de juger les cauſes pécuniaires, teſtamentaires. On ne leur interdira pas la voie paiſible de l'arbitrage ; mais dans toutes les affaires qui peuvent intéreſſer l'état civil, leurs judicatures ſeront ſupprimées, & leurs procès renvoyés aux Tribunaux ordinaires : telle eſt la loi de Joſeph II. On ne prétendra pas ſans doute que parce que notre Roi Henri II a reçu les Juifs portugais ſans reſtriction, & que ſes ſucceſſeurs ont confirmé leurs privileges, le Souverain ait les mains liées quand il s'agira de ſtatuer ſur leur état civil, ni qu'ils puiſſent être citoyens, & cependant diſpenſés de l'obéiſſance aux loix, en vertu deſquelles ils jouiſſent des avantages de citoyens ; eux-mêmes n'aſpirent pas à cette exemption, & ſuivent ſans remords, comme nous l'avons démontré, des réglemens nouveaux.

Les Juifs ſeront donc ſoumis à la juriſprudence reſpective des nations chez leſquelles ils réſident, & l'on ſe diſpenſera de rédiger pour eux des coutumes particulieres comme on l'a fait à Metz. Les femmes qui chez eux n'héritent qu'à défaut de mâles, ſeront appellées aux ſucceſſions d'une maniere plus favorable à leur ſexe ; la majorité fixée aux mêmes époques que chez nous, entraînera moins d'inconvéniens. Nos Tribunaux ne retentiront plus de procès entre les Juifs & les Gens du Roi, pour création de tutelle, pour confection d'inventaire. Une police vigilante doit détruire un abus général chez eux, ce ſont les inhumations précipitées.

Soumis à la même répartition d'impôts & de charges publiques, ils participeront aux mêmes avantages, parce qu'ils auront tous les attribus de citoyens. Mais en ſuppoſant que quelques-uns ſoient devenus corvéables des Seigneurs, il ne ſera pas loiſible à ceux-ci de rançonner des malheureux, de lever ſur eux aucuns deniers, de les admettre ou de les renvoyer à leur gré. Quelques feudataires alſaciens prétendroient inutilement avoir ce droit par la nature de leurs fiefs qui ſont immédiats, ou par une poſſeſſion immémoriale. L'autorité ſouveraine ne peut être limitée par des uſages contraires au bonheur national, & qui, pour être conſacrés par le temps, n'en ſont que plus abuſifs.

Le plan que nous développons entraîne la dissolution des communautés juives; mais sera-t-il aisé d'applanir la difficulté suivante? Plusieurs de ces corporations ont des propriétés & des dettes; on disposera de ces propriétés de maniere que les Juifs apportent leur contingent proportionnel dans les communautés chrétiennes dont par l'hypothese ils seront devenus membres, & le surplus sera réparti à leur profit. Mais les dettes, comment les éteindre? sera-ce par de nouveaux impôts, tandis que les Juifs suffisent à peine au paiement des taxes qui les grevent, ou en ouvrant des emprunts qui ne seroient qu'un mal pour remplacer un autre?

1°. La nation pauvre en général, a cependant des Crésus chez qui le pactole roule à grands flots; & si leur générosité égaloit leur opulence, ils pourroient prêter sans intérêts aux communautés juives, qui par-là éteindroient sur le champ, les rentes de leurs dettes, & emploieroient désormais à l'acquit des capitaux, les deniers levés pour rente.

2°. La réunion des Juifs à la grande société fera supprimer nombre de présens offerts & acceptés par l'honnêteté, ou offerts par la crainte à la rapacité qui recolte sur des malheureux, en leur vendant cher un crédit meurtrier (4), & qui sont un tribut que la foibleſſe & la crainte payent à la force & à la terreur; par-là même on verra s'anéantir des penſions accordées par la reconnoiſſance ou par d'autres motifs, telle eſt celle de vingt mille francs que les Juifs de Metz payent annuellement aux Brancas, c'eſt, dit-on, une conceſſion accordée par le Roi à cette famille. Cette grace doit finir avec ou peu après le ſiecle, & la penſion eſt ſubſtituée à un hôpital. Cette ſubrogation peut être révoquée, pour peu qu'on ſente l'inconvénient de doter un aſyle de miſere en preſſurant des malheureux.

3°. A défaut de ces moyens, il n'en reſte qu'un. La réforme des Juifs importe à la Nation entiere, au ſein de laquelle ils vivent. Il faut donc que la Nation faſſe des ſacrifices. Les Juifs enveloppés dans la même forme d'impôts que les Chrétiens, ſeront cotiſés ſur les mêmes rôles; mais on fera diſtraction de la quotité levée ſur eux pour éteindre leurs dettes, en payant annuellement une partie du capital avec les rentes, & cette forme d'annuité amenera dans peu l'entiere liquidation. J'avoue que dans la criſe actuelle des finances, ce n'eſt gueres le moment de propoſer des ſacrifices; mais les dettes des Juifs en France, ſont un très-mince objet, comparativement à celles de la Nation; & Necker eſt au timon du gouvernement.

Ainſi point de ſyndic pour la geſtion des affaires des communautés juives, point de communautés juives, ils ſeront membres des nôtres; lorſque pour des affaires indiſpenſables de leur religion, ils ſeront obligés de tenir conſeil & de voter, un Commiſſaire royal ſurveillera ces aſſemblées où tout ſera traité en langue vulgaire; car les Juifs ſeront obligés de ſavoir l'idiôme national, & aſtreints à s'en ſervir pour leurs contrats, regiſtres, bilans, teſtamens, calandriers, &c., & pour l'exercice public de leur culte, ou au moins tous leurs livres liturgiques ſeront traduits. L'uſage de la langue vulgaire pour les rits religieux, n'en contredit pas les principes, puiſqu'encore actuellement quelques ſynagogues font leurs offices en eſpagnol, quoique leur expulſion d'Eſpagne date déja de trois ſiecles.

Sans doute on parviendra quelques jours à extirper cette eſpece d'argot, ce jargon tudeſco-hébraïco-rabbinique dont ſe ſervent les Juifs allemands, qui n'eſt intelligible que pour eux, & ne ſert qu'à épaiſſir l'ignorance ou à maſquer la fourberie. En Europe, & nulle part que je ſache ſur le globe, aucune langue nationale n'eſt univerſellement uſitée par la nation. La France a dans ſon ſein peut-être huit millions de ſujets, dont les uns peuvent à peine balbutier quelques mots eſtropiés,

piés ou quelques phrases disloquées de notre idiome; les autres l'ignorent complettement. On sait qu'en basse Bretagne, & par-delà la Loire, en beaucoup de lieux, le Clergé est encore obligé de prêcher en patois local, sous peine de n'être pas compris s'il parloit françois. Les gouvernemens ignorent ou ne sentent pas assez combien l'anéantissement des patois importe à l'expansion des lumieres, à la connoissance épurée de la religion, à l'exécution facile des loix, au bonheur national, & à la tranquillité politique.

CHAPITRE XXIV.

Admission des Juifs aux charges civiles, à la Noblesse, entrée des Académies, éducation, acquisitions d'immeubles.

Nous avons négligé tout ce qui peut élever l'ame de nos Juifs, & leur donner de l'énergie; il est prouvé par l'histoire que dans les quatre premiers siecles, plus tard même, ils étoient admis à toutes les charges civiles & militaires. Le Concile assemblé à Paris en 615 par Clotaire II, les exclut des offices publics (1); mais cette défense même prouve notre assertion. Chez les Princes musulmans ils peuvent aspirer & atteindre quelquefois aux postes les plus éminens du ministere & de la finance. A Maroc sur-tout on en voit fréquemment se pousser à la Cour, & remplir les fonctions d'Ambassadeur; nous ne citerons que le fameux Pacheco, mort à la Haye en 1604 (2). Quelques temps après, du même siecle, deux Juifs furent en Hollande Résidens des Cours de Portugal & d'Espagne; quelques-uns ont été en faveur même à la Cour de Rome. Le douzieme siecle nous montre un Rabbin Jehiel, Sur-Intendant de la Maison & des Finances du Pape Alexandre III. Mais en général nous avons interdit aux Juifs l'entrée même des dernieres charges civiles.

Si cependant on veut opérer sincèrement une révolution, ne les séparons plus de nous par des distinctions humiliantes, rapprochons-les de nous, de nos usages, ouvrons-leur toutes les voies qui font éclorre les talens & les vertus, lions-les à l'Etat par l'espérance de la considération publique, & le droit d'arriver à tous les offices civils dans les diverses classes de la société. Une loi fondamentale de quelque pays, exclut des charges ceux qui ne sont pas de la religion dominante; cette politique sévere est-elle toujours juste? Nous ne proposons pas d'admettre les Juifs à être Procureurs; on sent pourquoi: mais en les aggrégeant au corps des Avocats, ne pourroit-on pas les dispenser du serment de catholicisme, & soumettre leurs *factum* à la censure? Dans les gouvernemens où le peuple participe à l'autorité législative ou au moins exécutrice, comme nos Assemblées provinciales, le Juif devenu citoyen ne pourroit-il y entrer avec justice, & y figurer avec éclat?

Il seroit toutefois abusif que par leur disposition dans la société, ils pussent influer directement sur une religion dont ils naissent ennemis déclarés, tel seroit le droit de conférer des bénéfices, droit dévolu au juif. Calmer, par l'acquisition de la Baronnie de Pequigny, puisqu'on trouve déja des êtres capables d'accepter de telles nominations, on en trouveroit peut-être bientôt pour les acheter; & le vendeur, ne croyant pas à la simonie (suivant la remarque de M. Linguet), penseroit faire un marché très-légitime; peut-être même croiroit-il servir sa religion par l'introduction d'un mauvais sujet dans la nôtre. On objectera sans doute qu'on voit des Catholiques & des Protestans avoir droit de collation à des bénéfices d'une religion dont ils ne sont point membres, que plusieurs Seigneurs ont même le droit de nommer des Rabbins. L'exclusion que pour le présent nous donnons aux Juifs, n'est fondée que sur leur aversion pour le christianisme & leur dépravation morale, ſauf les exceptions flatteuſes que nous avons préſentées avec tant de plaiſir ; & quand notre obſervation n'aura plus lieu, tranſportés de joie, nous nous hâterons de l'effacer.

A cela près, pourquoi les Juifs n'obtiendroient-ils pas toutes les prérogatives qui ſont cenſées n'être jamais accordées qu'au mérite? Pourquoi leur fermeroit-on la porte des Licées, des Académies, puiſque les ſciences profanes & les complimens ne ſont pas liés au plan de la religion? Mais ſi une ſociété littéraire, ſi le corps de la nobleſſe rougiſſoit d'adopter les deſcendans d'Abraham, cette foibleſſe ôteroit à ceux-ci le regret d'en être exclu, & le vertueux Iſraélite, content de poſſéder la vraie nobleſſe, & d'être Chevalier du mérite, ſauroit dédaigner un mérite d'opinion (3).

Il eſt encore un article que nous toucherons légèrement, preſqu'en tremblant, en avouant que l'obſervation qui le ſuit ne peut avoir qu'une application aſſez rare & encore éloignée. Dans les premiers ſiecles de notre ere, ſpécialement entre 450 & 550, les liaiſons des Chrétiens & des Juifs étoient aſſez intimes, & la diſparité du culte ne les empêchoit pas de s'unir par le mariage. Des Empereurs & des Conciles défendirent enſuite ſévèrement ces alliances, qui étoient quelquefois pour la partie catholique une occaſion de ſéduction, peut-être même d'apoſtaſie.

Nos théologiens avouent que l'empêchement fondé ſur la diſparité du culte, n'a pas été introduit par un ſtatut général, car on n'en trouve pas de bien précis, mais par une coutume, qui, adoptée univerſellement, a obtenu force de loi (4). Tous conviennent encore que l'égliſe peut diſpenſer des loix de diſcipline, ſans ébranler le dogme, d'autant plus que le même réglement, très-ſage dans certaines circonſtances, peut devenir inutile, abuſif même dans d'autres. Quels biens n'ont pas réſultés de l'union matrimoniale entre ſainte Anaſtaſie & Publius Payen, ſainte Cecile & Valérien, ſainte Monique & Patrice, ſainte Clotilde & Clovis, &c. &c.

Le danger de ſéduction n'a plus lieu. En permettant ces unions, on pourroit exiger que les enfans fuſſent élevés dans le catholiciſme, ou qu'au moins il fût convenu de leur laiſſer la religion du ſexe reſpectif; & cette permiſſion de contracter des mariages entre Chrétiens & Juifs, établiroit un nouveau point de liaiſon. On ne peut trop les multiplier.

Eſpérons peu toutefois de l'homme adulte, ſon pli eſt formé ou il va nous échapper; attaquons le mal dans ſa racine, emparons-nous de la génération qui vient de naître, de celle qui court à la puberté. Que cette jeuneſſe ait part à l'éducation des diverſes claſſes de la ſociété, ſoit dans les écoles inférieures, ſoit dans les colleges & univerſités, ceci préſuppoſe qu'en bien des lieux, en bien des choſes vous aurez amélioré l'enſeignement public, que les écoles de juriſprudence entr'autres ſubiront une réforme totale, & que de ſages inſtituteurs, aimant ſans partialité leurs éleves juifs ou chrétiens, établiront entr'eux cette cordialité qui préviendra les exploſions de la haine.

La religion eſt pour l'homme ſenſé l'objet capital, ſon exiſtence fugitive ici bas n'étant que le berceau de cette vie future qui doit finir avec l'éternité; puiſqu'il s'agit de réforme, vous donnerez des notions raiſonnées ſur la croyance, & l'on ne verra plus ſortir de vos colleges tant de mirmidons ſans goût pour la vertu, ſans principes pour l'aimer, ſans juſteſſe dans l'eſprit. Une fois jettés dans le tourbillon de la ſociété, les bluettes du bel eſprit, la morgue tranchante, le perſifflage impie & groſſier, décident de leur foi & de leurs mœurs pour la vie. Mais n'oubliez pas que le zele ſans prudence n'eſt qu'une torche incendiaire, & ſi vous parlez *religion*, *catéchiſme* aux éleves juifs, vous allez renforcer la haine du peuple hébreu, fortifier ſes préjugés, ſa défiance, l'avertir de ſe tenir en garde, & roidir ſa réſiſtance ; tout ſera manqué : les peres inſpireront des préventions contre nous à des enfans ſuſceptibles de toutes ſortes d'impreſſions. Il faut donc que votre affabilité combatte leur défiance, & pour lors ces éleves n'étant pas toujours en garde contre la raiſon, ils recueilleront, même ſans le vouloir, des idées ſaines qui ſeront le contrepoiſon des abſurdités dont on voudroit les repaître au ſein de leur famille. Quand ils auront intérêt à s'inſtruire, l'émulation & l'étude développeront leurs talens, & la voix publique les couronnera en leur permettant d'aſpirer aux grades dans les trois facultés de droit, de médecine & des arts (5). Nous ne parlons pas de la théologie, qui n'eſt ni de leur goût ni de leur reſſort.

On ne peut trop inculquer qu'il eſt important d'obliger à cette fréquentation de nos écoles, les éleves qui ſe deſtinent à la conduite des ſynagogues ; cette vérité eſt frappante pour quiconque ſait juſqu'où s'étend l'influence des docteurs juifs ſur leurs ouailles. On pourroit ſe paſſer de Rabbins, dont l'entretien eſt très-diſpendieux, puiſque diverſes communautés juives n'en n'ont jamais eu, & que depuis deux ans on n'a pas remplacé celui de Metz ; mais ſuppoſé qu'on en établiſſe, l'autorité civile reſtreindra la liberté des élections : la politique juive n'en admet que d'étrangers qui ſont ſans alliance, ſans liaiſons avec tous les individus ſubordonnés ; mais, ſans égard à cet uſage, les nôtres ſeront nationaux & gradués dans nos Univerſités, on s'aſſurera de leur ſcience, de leurs principes, la palme ſera adjugée dans un concours, & l'on dirigera vers le bien politique & moral leur enſeignement dans les ſynagogues.

Une conſéquence du ſyſtême qu'on vient d'établir, c'eſt de permettre aux Juifs d'acquérir, acheter, échanger des fonds, car jamais la terre n'eſt ſi bien cultivée que par les mains du propriétaire. Lorſqu'ils auront des poſſeſſions terriennes, leur fortune mieux connue, on aura plus de facilité d'empêcher qu'ils ne déshéritent ceux de leurs enfans qui ſe convertiroient ; mais en conſervant les droits de ceux-ci, nous n'imiterons pas l'injuſtice de Giaſar-Sadec, il ſtatue que les enfans juifs ou chrétiens qui ſe feroient muſulmans, ſeroient héritiers univerſels.

L'Edit qui auroit annullé les créances des Juifs ſur les Chrétiens, leur défendroit auſſi d'avoir des hypothêques ſur les biens de ceux-ci, ſans quoi l'uſure rentreroit par cette porte ; la mauvaiſe politique de la Pologne doit ſervir de préſervatif. Il fut un temps où les Juifs de ce pays faiſant tout le commerce extérieur & intérieur, y poſſédoient encore les meilleurs fonds de terre (6).

Préciſément, dira-t-on, voilà le mal à craindre. Les Juifs après avoir profité de la liberté des arts & du commerce pour augmenter leurs capitaux, & de la liberté d'acquérir pour réaliſer leurs fonds, finiront par envahir toutes les propriétés territoriales qui ſortiront rarement de leurs mains, attendu que cette nation ne forme qu'une famille, & qu'ainſi les ſucceſſions n'offriroient jamais aux Chrétiens l'eſpoir de reconquérir ſur elle ce qu'ils auroient perdu. Pour parer à cet inconvénient, un ſavant Bénédictin (7) propoſe de déclarer l'hérédité déſerte des fonds, toutes les fois qu'il n'y aura pas d'héritiers en ligne directe, en ſorte que les collatéraux ne ſeroient jamais admis à la recueillir; cette hérédité déſerte ſeroit acquiſe à la province, qui en vendroit les fonds pour des établiſſemens d'utilité publique. Si cette loi paroiſſoit trop dure, on accorderoit aux collatéraux la moitié du prix, l'autre moitié ſeroit deſtinée à l'emploi dont on vient de parler.

Si l'on admet ce ſyſtême, je me permettrai les modifications ſuivantes : 1°. que les collatéraux auront cependant droit de retrait; 2°. que les deniers acquis à la province, ſeront employés ou à éteindre les dettes des corporations juives, ſinon on les affectera au ſoulagement des pauvres, en un mot, à quelque choſe d'utile à cette nation, privativement ou préférablement aux Chrétiens. J'obſerverai encore que rarement les ſucceſſions manqueront d'héritiers directs chez un peuple dont preſque tous les individus mariés ont poſtérité nombreuſe.

Ne pourroit-on pas, en leur laiſſant la liberté d'acquérir des fonds, de prendre des fermes à bail, les obliger à les exploiter par eux-mêmes ou par les mains d'autres Juifs, aidés cependant de domeſtiques chrétiens. Ce réglement auroit le double avantage de les forcer à la culture, & d'empêcher qu'ils n'agrandiſſent trop leurs héritages; ſi l'on croit que par-là on limite trop leur liberté, donnez-y plus d'extenſion, mais réglez au moins qu'ils ne pourront excéder en acquiſition d'immeubles, une ſomme déterminée, par exemple, 20,000 francs.

Au reſte ils ne deſireront acquérir des immeubles, qu'autant qu'ils auront une patrie, & qu'ils pourront ſe promettre une exiſtence légale: leurs privileges étendus ou reſtreints, ſuivant l'exigence des cas, les conduiront à demander à mériter tous les avantages de citoyens. Et que ne fait-on pas pour obtenir promptement ce qu'on desire ardemment?

CHAPITRE XXV.

Considérations sur la nature & les causes des préjugés des Juifs. Remedes à y apporter.

Si les Juifs n'étoient que sauvages, on auroit plus de facilité pour les régénérer, il suffiroit de semer dans une terre neuve pour espérer une récolte abondante; mais ils ont l'ignorance acquise, qui a dépravé leurs facultés intellectuelles. Nous admettons des exceptions flatteuses en faveur de quelques individus aimables & lettrés, qui ont laissé leur nation bien loin derriere eux; il y a autant de disparité entr'eux & leurs Rabbins, qu'entre Jacques de Voragine & Bossuet. Il s'agit ici du gros de la nation impétrée dans les lacs d'une crédulité grossiere, & submergée dans un océan de sottes opinions. Le commerce pour l'ordinaire rectifie les idées fausses, donne des notions saines, détruit ou amortit les préjugés; mais c'est chez des hommes qui, jouissant des droits de citoyens dans toute l'étendue du terme, peuvent fraterniser avec tous les autres, ou du moins se mettre au pair, au-lieu que les Juifs toujours tenus par la haine à grande distance, envisagés, pour ainsi dire, comme intermédiaires entre nous & la brute, ont rarement pu s'élever au niveau des autres à la dignité d'humains.

Ce peuple conserve son orgueil dans son avilissement, & ne raisonne gueres que d'après les déraisonnemens de ses docteurs. Chez les Rabbinistes, Elie le Lévite & Menasser sont presque les seuls qui ayent réduit leurs traditions à leur juste valeur; mais trop heureux d'être impunément si judicieux, ils n'ont pu corriger leurs confreres qui ont continué de débiter des rêveries, de dénaturer les faits historiques, en sorte que chez eux la critique est encore à naître. Ils ont même créé autrefois un fleuve sabbathius qui cessoit de couler le jour du sabbat, ou ne couloit que ce jour-là. Peut-être faut-il le placer dans le royaume de *Cozar*, qui est près de la mer *Gargan*. Les Juifs nous ont donné de belles descriptions de ce pays auquel il ne manque que l'existence. A peine en croit-on les yeux, quand on lit Benjamin de Tudele (1) & Joseph Bengorion (2), qui sont cependant les Titelives, les Tacites de la synagogue. Qu'ont-elles donc produit autrefois, ces célebres académies de Tibériade, Sora, Nahardée, Pombe-Ditha, Perus-Schibbur, Lunel, &c. &c., &

de nos jours, celles de Sapheta, de Theſſalonique, de Prague & de Fez? Celle-ci fut toujours la moins abſurde. Clenard y trouva quelques doctes perſonnages; mais en général, loin de reculer les bornes de l'eſprit humain, elles en ont conſacré les erreurs en donnant comme dogmes les écarts d'une imagination délirante; & dans cette foule de Rabbins qui groſſiſſent la collection de Bartolocei (3), on voit à peine quelques bons écrivains ſe préſenter avec éclat à la poſtérité. Faute de mieux, on citera Marin Akiba, Maimonides, Kimki, Gerſon, la lumiere de la captivité françoiſe, Aaron-ben-Chaim, Juda-Ching, Abenezra, Abrabanel, Aaron-ben-Joſeph, docteur caraïte, Elie le Lévite, Orobio & le vertueux Menaſſeh.

Cependant ſi l'on vouloit extraire de leurs écrits ce que la ſaine raiſon daigneroit avouer, le triage fait, quelle ample collection de fadaiſes & d'erreurs reſteroit accumulée? Les bras tombent lorſqu'on lit dans un Abrabanel, comme dans beaucoup d'autres, que tous les Juifs devant reſſuſciter en Paleſtine, les corps de ceux qui n'y meurent pas, y rouleront par des canaux ſouterreins que l'Eternel a creuſés. La nation vient enfin de poſſéder un homme de génie dont la place n'eſt pas vacante, mais depuis l'hiſtorien Joſeph, il a fallu dix-ſept ſiecles pour produire Mendelſohn (4).

Il y a long-temps que dans son traité contre les Chrétiens, un Empereur reprochoit aux anciens Hébreux leur ignorance. Ce reproche est déplacé, si l'on considere qu'ayant tous les arts nécessaires à leur genre de vie frugale & laborieuse, ils pouvoient très-bien se passer de chymistes & de géomêtres. Tous ou presque tous, comme encore aujourd'hui, savoient lire, & leur étude se bornoit à la loi, qui renfermoit un corps de doctrine & de morale, un code législatif approprié à leur gouvernement.

Le traducteur forcené de Julien enchérit sur son maître, en leur reprochant de n'avoir ni clef ni mode ; il leur fait un crime d'avoir manqué de belle musique, d'écoles d'anatomie. Effectivement, on ne trouve chez eux ni des Winslou ni des Gluck, & cette privation est à ses yeux un forfait abominable dont ils ne pourront jamais se laver.

Il faut convenir que chez eux on trouve peu de caracteres originaux, rarement ils donnent l'essor à leur esprit, ils craignent de voler de leurs propres aîles ; asservis sous l'empire des préjugés, égarés dans le sentier ténébreux des erreurs, ils n'ont gueres que des idées empruntées ; & quelles idées ! eux seuls parmi nous admettent encore la métempsycose des méchans. On sait que, suivant leurs docteurs, les ames des adulteres doivent transſmigrer dans des pourceaux. L'alchymie a préparé de brillantes découvertes, parce que l'erreur occupe le veſtibule de la vérité : il ſemble que par-là même les Juifs reſſaſſant les calculs abſurdes de la cabale, auroient dû s'élever juſqu'à la connoiſſance des logarithmes & des fluxions ; à peine ont-ils trouvé quelques propriétés des triangles. Ignorans juſqu'au neuvieme ſiecle, ils commencerent alors à s'inſtruire dans les ſciences de Arabes ; rivaux de ceux-ci, ils furent bientôt plus éclairés que les autres nations ; beaucoup s'occuperent de la juriſprudence dont ils diſcuterent pluſieurs points avec une ſagacité peu commune ; beaucoup d'autres ſe livrerent à la médecine, qu'ils cultiverent, qu'ils cultivent encore avec quelques ſuccès en orient ſur-tout ; & ſi l'on en croit le ſavant Freind, dans le moyen âge, ils furent en Europe les *princes de cette ſcience* (5). Mais ils ne donnent pas une haute idée de leur théorie par leurs contes ſur l'os *luz* qui eſt la racine du corps, duquel tous les viſceres tirent leur origine, & qui ne peut être briſé, brûlé ni moulu. Nous avons obſervé plus haut que quelques-uns gravent avec ſuccès, qu'ils ont créé l'art des finances, & perfectionné celui du mercier. Mais comment faut-il qualifier ce que l'uſure y a ſu ajouter ? Les Juifs nous ont cependant laissé sur l'astronomie un monument précieux qui a hâté les progrès de cette science; car c'est aux Juifs de Tolede qu'on doit les tables alphonsines dressées au treizieme siecle.

A ces articles près, je ne vois pas, n'en déplaise à un de mes compatriotes que j'estime, quelles sont ces découvertes dont tous les siecles doivent tenir compte au peuple hébreu (6); mais quand dans une brochure imprimée, il y a une vingtaine d'années, on lit que l'Europe est redevable aux Juifs de la renaissance des lettres & des beaux arts (7), on est tenté de croire à l'infidélité de ses yeux, plutôt qu'à l'assertion de l'auteur.

Quelques Juifs ont brillé par l'éloquence, cependant leurs sermons ne sont gueres, dit-on, que des tissus de discussions inutiles qu'ils embrouillent quelquefois en voulant les éclaircir; & les deux que Wagenseil nous a fait connoître (8), n'inspirent pas la curiosité d'en voir d'autres. Le Pharisaïsme est encore dominant dans les synagogues; car tel est l'homme, à mesure qu'il s'éloigne de la vertu, il aime à se faire illusion en la remplaçant par des pratiques qui n'en sont gueres que l'indice ou le fantôme. Les loix cérémoniales du Pentateuque avoient un but digne de la sagesse de Dieu, puisque le culte doit parler aux sens qui sont, pour ainsi dire, les portes
de

de l'ame; mais cela n'autorisoit pas les Rabbins à créer une foule de cérémonies ridicules qui ne peuvent qu'étouffer la vraie piété & rétrécir le génie (9).

Ce seroit de grands péchés que d'aller à la synagogue le matin sans porter les Téphilins (10), de ne pas allumer de lampes dans sa maison le jour du sabbat, & sur-tout de se mettre à table sans avoir lavé ses mains. Ce péché est aussi grand, dit le Rabbin Joré, que d'avoir commerce avec une femme perdue (11). La quantité & la qualité de l'eau employée à cette ablution, offrent une foule de difficultés qui ont quelquefois partagé les docteurs (12). Tant de petitesses (13) donnent lieu de penser qu'il est plus difficile d'éclairer les Juifs rabbinistes que les samaritains, moins occupés de ces puérilités, & les caraïtes qui les rejettent absolument, & appellent les pharisiens des ânes bridés.

Quoique nous supprimions une infinité de sottises plus que ridicules, éparses dans leurs ouvrages, on regardera peut-être ce détail comme dérisoire, peut-être aussi nous fera-t-on la grace de ne le croire qu'inutile; il n'est ni l'un ni l'autre.

Après avoir exposé les moyens de régénérer cette nation, nous avons voulu faire mieux sentir la nécessité de cette réforme, & montrer les objets ſur leſquels on doit la porter; car ſi on ne reſpectoit la patience du lecteur, & l'état malheureux des Juifs, ont eût fait paſſer en revue cent de leurs auteurs qui ont débité cent mille & une rêveries plus abſurdes, s'il eſt poſſible, que celles qu'on vient de lire dans le texte & dans les notes; il ſemble que la crédulité ait chargé la bêtiſe de les rédiger.

Comment ſe peut-il donc que des hommes, que nos ſemblables ayent déliré à ce point? par quelle fatalité le peuple le plus incrédule eſt-il en même temps le plus crédule?

Les traditions du Juif, ſes livres, ſes fêtes, lui rappellent conſtamment des prodiges; de ſorte que familiariſé avec le merveilleux, crédule par ignorance, ſuperſtitieux par miſere, il s'eſt livré à tous les vertiges du menſonge, & n'a jamais ſu diſtinguer entre les miracles avérés que la foi révère, & les contes abſurdes que la raiſon réprouve. Le gouvernement des anciens Hébreux étoit une vraie théocratie. Depuis cette époque, ils ont lié toutes les connoiſſances à celle de la loi, juſqu'à la ſcience ſublime d'écorcher les animaux, tout eſt entré dans le plan du ſyſtême religieux. Cet aſſemblage a fait naître une foule de rêveries auxquelles il a toujours été permis d'ajouter. On juge de là que les nations ſenſées ne peuvent s'introduire chez eux que difficilement, parce que les moindres changemens paroiſſent des innovations dogmatiques. Le chaos des traditions talmudiques eſt enſuite devenu leur théologie; mais la théologie, proprement dite, eſt une ſcience qui n'eſt pas ſuſceptible de découvertes, elle propoſe des dogmes à croire, elle étaye ces dogmes des motifs de crédibilité. Veut-on l'étendre au-delà de cette ſphere? on défigure la plus ſublime des connoiſſances, on crée des *entités*, des *quiddités*, des *raiſons raiſonnantes & raiſonnées*, c'eſt-à-dire, qu'on déraiſonne; & ce qui eſt arrivé chez nous, devoit à plus forte raiſon arriver chez les Juifs.

Telles ſont les principales ſources de leur égarement inconcevable, & de leur attachement à des traditions burleſques qui excitent tout au plus le rire de la pitié. Détruiſez les cauſes, les effets diſparoîtront; mais le grand obſtacle viendra toujours de la part des prépoſés de la ſynagogue, car la nation ne penſe, ne parle, n'agit que d'après leurs déciſions, & l'on ne peut trop répéter qu'il eſt eſſentiel de ſurveiller leur éducation, leur miniſtere, & de borner leur pouvoir. S'ils ont gâté la nation, ils peuvent la régénérer.

Dans le plan propoſé, nous n'avons pas parlé des femmes, parce que leur réforme eſt une ſuite infaillible de celle des maris, à qui elles sont entièrement subordonnées. On a dit & répété que les hommes seront toujours ce que les femmes voudront. Chez les Juifs, non : car, il faut l'avouer, un autre obstacle à leur réforme, c'est le peu d'estime qu'ils ont toujours eu pour les personnes du sexe. Cette conduite leur est commune avec tous les peuples chez qui la permission du divorce & de la polygamie tient les femmes dans l'abjection, & les fait considérer comme de vils instrumens du plaisir. Les impuretés légales qui, chez les Hébreux, les éloignent quelquefois de la société, ont fortifié cette maniere de penser. Leur but primitif n'étoit cependant que d'inspirer une retenue décente, & de réfréner des passions grossieres.

Il paroît, en lisant Malachie, que depuis longtemps les Juifs ont mérité ce reproche. Postérieurement au prophête, le docteur Hillet, énumérant les raisons qui peuvent autoriser le divorce, y comptoit celle-ci : Si la femme a trop fait cuire le dîné de son mari. Aquila, plus indulgent encore, prétend qu'il suffit d'en trouver une autre plus agréable. L'usage, dit M. Roussel, de faire rendre les oracles par des femmes chez les Grecs, les Juifs, les Germains, partoit d'un certain respect pour ce sexe (14). *Les femmes, rendre des oracles chez les Juifs!* ſuppoſition purement gratuite. Quoiqu'actuellement le divorce ſoit rare chez eux & la polygamie abſolument inuſitée, excepté peut-être en quelque coin de l'orient, leur maniere déſavantageuſe de penſer à l'égard des femmes, s'eſt perpétuée juſqu'à nos jours (15). Vainement Cardoſo nous aſſure qu'ils en font eſtime (16). Qui faut-il croire? ou le docteur aſſurant une choſe, ou l'expérience qui le contredit. Tous les jours les Juifs diſent à Dieu dans leurs prieres : *Béni ſois-tu, Créateur du ciel & de la terre, de ce que tu ne m'as pas fait femme;* & la femme humiliée dit : *Béni ſois-tu qui m'as faite comme tu as voulu.* Un auteur très-moderne prétend qu'ils ont eu des femmes ſavantes (17), autre aſſertion dont nous demandons la preuve. Il eſt certain que leurs femmes aſſervies ſous le deſpotiſme des maris, n'ont aucune facilité pour faire éclore leurs talens, & que depuis Zénobie, ſi toutefois elle étoit Juive, aucune ne s'eſt fait remarquer dans la foule.

Quand un peuple n'eſt pas civiliſé, il y a trop peu de relations morales entre la femme & l'homme, pour contrebalancer les forces corporelles de celui-ci ; mais lorſque la femme peut compenſer ſon infériorité phyſique par les charmes de l'eſprit & du ſentiment, ſon empire adoucit les mœurs, le cœur s'ouvre aux impressions de la délicatesse; l'homme, en chérissant son épouse, contracte l'habitude de respecter son égale, & en général la considération pour les personnes du sexe, est la mesure des progrès d'une nation dans la vie sociale.

Ces principes sont aussi étrangers à la synagogue que la culture des beaux arts; car les Juifs n'ont pas sacrifié aux graces. Lipman a composé en vers hébraïques son second Nizzachon, ouvrage anti-chrétien que Wagenseil a très-bien réfuté. Plusieurs Juifs d'Italie & d'Espagne se sont essayés à faire des poëmes, nous avons même de Lévi de Barrios, la *Relacion de los poetas y escrittores espagnolos de la nacion judaica amstelodama.* Ils ont donc versifié en hébreu, en italien, en espagnol, c'est-à-dire, que mettant à part David & les prophêtes, le recueil le plus ancien de la poésie la plus sublime, les Juifs ont des vers & pas un poëte, excepté cependant l'auteur du Cosri (18). Nous avons vu précédemment que Benjamin de Tudele, voyageant en Grece, avoit trouvé le Parnasse habité par deux cent Juifs qui le labouroient; c'est la seule relation qu'ils ayent eue avec cette montagne si fameuse. Ils en ont fertilisé le sol, & n'en ont jamais courtisé les Souveraines.

La ſynagogue a cependant enfanté une eſpece de mythologie qui, à la vérité, n'eſt point aſſez riante pour en faire excuſer la ſottiſe. Les rêveries talmudiques & cabaliſtiques paroiſſent d'autant plus difficiles à détruire, qu'elles n'ont pas de fondement, & qu'on ne ſait ſur quoi s'appuyer quand on combat dans le vuide. Comment leur prouver qu'on peut ſe marier pendant le mois de Mai, que le nombre pair n'eſt pas funeſte, que le premier jour de l'an il n'eſt pas néceſſaire de manger du miel, en diſant : que le Seigneur nous accorde une année douce comme le miel ? C'eſt là deſſus que nous répandrons cependant avec ſuccès le ſel de l'ironie, lorſque le Juif ſera capable de le goûter. Ce ſera le moment de produire des ouvrages pour cribler les puérilités myſtiques du rabbiniſme, pour les marquer au coin du ridicule, & ſubſtituer aux extaſes du délire, les fruits d'une raiſon lumineuſe. Le Juif a bu le calice de la honte, & quand on ſera parvenu à le rendre ſenſible à la raillerie, on aura beaucoup avancé ; car cette ſenſibilité annonce que l'homme moral eſt déja très-développé, alors la crainte du ridicule achevera ce que le bon ſens aura commencé. L'influence de cette crainte agira ſur-tout en France, où l'on a raiſon quand on fait rire, & les préjugés ne ſubſiſteront certainement pas aux dépens de l'amour propre.

CHAPITRE XXVI.

Faut-il forcer les Juifs à l'adoption des moyens de réforme? Nécessité de préparer à cette révolution les Juifs & les Chrétiens; temps nécessaire pour l'opérer.

PARER à tous les inconvéniens, est chose absolument impossible. Une teinte d'imperfection trahit toujours l'ouvrage de l'homme. Le bien & le mieux sont en son pouvoir. Le parfait est sur une hauteur qu'il ne peut jamais atteindre. Le législateur généralise ses vues & saisit un ensemble; mais il ne peut descendre à tous les détails, embrasser toutes les exceptions, ni même opérer le bien général sans victimer quelques individus, & si à cause des inconvéniens on veut anéantir les loix, on va bouleverser l'univers. Elles purgent une hypothêque malgré les réclamations de l'honnête homme, quoique par un concours de circonstances qu'il n'a pu maîtriser, il n'ait pas formé son opposition dans le terme voulu; elles adjugent un immeuble prescrit au possesseur de mauvaise foi, qui en sa faveur a su réunir les apparences; elles font réparer l'honneur du frippon accusé, sans qu'on puisse le convaincre; fur le fimple foupçon de pefte, elles confinent pour quarante jours dans un lazaret, le voyageur qui par ce retard manque fa fortune; & parce qu'un Juif exerceroit loyalement le commerce, faudra-t-il abroger l'Edit qui circonfcrira leur négoce, & leur défendra les marchés à crédit? Que les confidérations particulieres foient immolées au bien public, *falus populi fuprema lex efto.*

Mais que faire des Juifs qui ne pourront profiter des avantages offerts, & de ceux qui ne le voudront pas? Il faut aider la bonne volonté des uns, la faire naître dans les autres, & même contraindre la mauvaife. Ouvrez à ceux-là les afyles deftinés aux orphelins, les hôpitaux établis pour les infirmes; conduifez le talent dans vos atteliers de charité, dans vos écoles gratuites; appellez la bienfaifance à votre fecours, ouvrez des foufcriptions, formez des bureaux de miféricorde, en évitant cependant de provoquer la jaloufie, qui bientôt enfanteroit la haine.

Mais que faire de ceux qui ont des habitudes formées? renonceront-ils à cette feconde nature? changerez-vous la conftitution morale, référez-vous l'éducation du fexagénaire dont la raifon eft un bloc non dégroffi ou plongé dans la fange? obligerez-vous celui qui vendoit des chevaux ruinés au laboureur ſurpris, à les garder pour former un atelage de cultivateur? Non, ce ſeroit les torturer en pure perte, & ſoumettre inutilement une ſubſtance apyre au feu de reverbere; ce ſera beaucoup d'empêcher qu'ils ne propagent juſqu'à leurs enfans la contagion du vice & de l'ignorance.

Il eſt des êtres ſi méchans, qu'ils ſemblent preſſés du beſoin de nuire, la perverſité paroît inhérente à leur nature. On verra des Juifs s'obſtiner à continuer leurs pratiques odieuſes, leurs manœuvres uſuraires; mais le nombre en ſera moindre: leurs fourberies plus faciles à connoître, ſubiront les peines les plus ſéveres; & leur dépravation aura une digue, lorſqu'ils verront ſans ceſſe l'œil public derriere eux pour les ſurveiller, & la punition à côté du crime. La contrainte répugne au cœur; mais peut-on condamner des prohibitions ou des ordres coercitifs qui réduiront les réfractaires à une réſiſtance négative?

Il faut malgré eux mériter leur gratitude, & les gêner d'une maniere qui tourne à leur avantage comme à celui de la ſociété. Sans qu'ils crient à l'intolérance, on peut forcer leurs enfans à la fréquentation de nos écoles, & les ſoumettre annuellement à des exercices, des examens publics. Le gouvernement ne s'ingérera pas de faire dans leurs fynagogues des differtations polémiques, mais il peut & doit éclairer l'enfeignement public religieux des Juifs, & s'oppofer à ce qu'on berce l'enfance de tant de rêveries talmudiques qui révoltent le bon fens le plus obtus. N'allons pas toutefois heurter de front leurs préjugés, ils fe cabreroient. Un moyen fûr pour les révolter, feroit, par exemple, de traveftir fur le théâtre leurs cérémonies religieufes; c'eft cependant ce qu'on a fait en Allemagne dans le ballet pantomime intitulé *la nôce juive*, & l'on ne peut qu'applaudir à M. Bernoulli, qui, l'ayant vu jouer à Hoff en Franconie, s'eft vivement récrié contre l'indécence de cette farce (1).

Ce feroit infulter le Clergé & le Magiftrat, de fuppofer qu'ils ne fe concerteront pas en tout, pour hâter l'exécution du plan propofé. Un article délicat, & cependant indifpenfable, c'eft de préparer à cette réforme les Juifs & les Chrétiens. Parlons au cœur de ceux-ci en faveur de leurs freres, dans les écoles publiques & fur les degrés du Sanctuaire; difpofons infenfiblement les Juifs à l'adoption des vues du minifteré, de maniere que nous ayions l'air d'entrer chez eux, plutôt qu'eux de venir à nous. Semons la crainte & furtout l'efpérance, préfentons-leur des appas, appellons-les par la faveur, la confidération, l'intérêt. Ce moyen eſt tout-puiſſant, car l'homme a toujours plus de pente à céder à ce plaiſir, que de courage pour vaincre la douleur.

Un homme illuſtre par ſon nom comme par ſes qualités perſonnelles, m'écrivoit (2) : « ſur cette « matiere (la réforme des Juifs), & ſur preſque « toutes celles de légiſlation ; j'ai toujours penſé « qu'il faudroit commencer par inſtruire le public « avant de publier des loix ; les légiſlateurs les « plus ſages ont toujours aſſemblé des Conſeils « pour la rédaction des loix, telles ont été les « conférences ſur les Ordonnances de 1667 & « 1670, dont nous avons les procès-verbaux im- « primés ; mais il n'y a point de Conſeil, de « Miniſtres ni de Magiſtrats qui vaillent celui « de la Nation entiere que l'on peut ſe procurer « par l'impreſſion ».

Il eſt pour la claſſe inférieure de la ſociété, un moyen infaillible & facile de favoriſer la propagation des lumieres ; me croira-t-on ſi j'indique les almanachs ? On conçoit à peine l'étendue de leur influence heureuſe ou ſiniſtre chez le bas peuple, ſuivant qu'ils ſont l'ouvrage de la raiſon ou de la ſottiſe. Annuellement on tire quarante mille exemplaires de celui de Baſle, imprimé tant en cette ville qu'à Colmar, par un habitant de Berlin qui en a le privilege. Des ſavoyards colportent dans toute la France ce répertoire absurde qui perpétue jusqu'à la fin du dix-huitieme siecle les préjugés du douzieme. Pour huit sols, chaque paysan se nantit de cette collection chiromantique, astrologique, dictée par le mauvais goût & le délire. Le débit, à la vérité, en est moindre depuis quelques années, parce que, graces au Clergé du second ordre, des idées plus saines de toutes especes, pénetrent jusques dans les hameaux. Ces faits sont sans doute ignorés du ministere, sans quoi il s'empareroit de ce moyen d'instruction pour répandre avec profusion le résultat des expériences agronomiques & vétérinaires, les vues paternelles du gouvernement, &c.

La réforme des Juifs n'est pas, à la vérité, l'ouvrage du moment, car on sait qu'en général la marche de la raison comme celle de la mer, n'est sensible qu'après des siecles; mais quoiqu'ordinairement les révolutions morales soient fort lentes, celle-ci sera plus rapide. A entendre MM. Michaélis & Schwager, dans dix générations les Hébreux ne seroient pas propres au métier de la guerre. M. Dolun restreint cette assertion, que nous resserrerons encore dans des bornes plus étroites. Certains vices plus tenaces, soit par leur nature, soit parce que l'habitude les aura fortifiés, comme l'avidité du gain, ne disparoîtront peut-être totalement que dans un siecle; mais, à cela près, nous aimons à croire que deux générations suffiroient pour cette réforme, car tout concourt à l'opérer.

Nous aurons d'abord des Juifs de deux sortes, les uns toujours voués à l'ignorance, & croupissant dans la bourbe des préjugés, les autres s'élevant à la hauteur de leur siecle, & planant sur les erreurs : ceux-ci s'empresseront de mettre avec nous la main à l'œuvre, soit par humanité, afin d'étendre à tous leurs freres les bienfaits de la loi, soit par amour propre, pour rendre plus saillans les obstacles qu'ils auront vaincus, & pour aggrandir à nos yeux l'intervalle qui les séparera d'une horde dégradée.

Le Juif naît avec les mêmes dispositions que nous, on enchaîne son usure, on restreint son commerce, on le dirige presque nécessairement vers d'autres objets, on aggrandit son ame, on éleve son cœur, on combat ses préjugés, on lui fournit les motifs les plus puissans pour l'engager à s'éclairer; il a devant les mains notre éducation, notre législation, nos découvertes qu'il va partager. L'assemblage de tous ces moyens imprimera un mouvement universel, ébranlera toute la nation juive, & entraînera même les renitens; car quand il faut luter constamment contre l'instruction, l'évidence, l'autorité, le plaisir, l'exemple, le ridicule & la nécessité, pour conserver des opinions absurdes, des habitudes hétérogenes, il est impossible que la raison ne recouvre pas ses droits, que le caractere ne reçoive pas de nouvelles empreintes, & les mœurs une meilleure forme.

CHAPITRE XXVII.

Résumé. Conclusion.

APRÈS avoir exposé le tableau des malheurs du peuple juif, nous avons détruit beaucoup d'imputations calomnieuses dont on les a chargés; nous avons remonté aux causes qui ont produit & perpétué la haine entr'eux & les nations, qui ont altéré le caractere physique & moral des Juifs, nous avons établi le danger de les tolérer tels qu'ils sont, la nécessité de les réformer, & la possibilité d'y parvenir. Rarement en avons-nous appellé à l'expérience future, car le passé est presque toujours venu appuyer nos raisonnemens. Nous croyons avoir fait entrer dans ce plan tous les moyens qui peuvent changer les opinions & rectifier l'homme moral; mais les avons-nous prescrites avec assez d'énergie pour émouvoir les cœurs en portant la conviction dans les esprits? Il est des détails dans lesquels nous ne sommes pas entrés, pour ne pas injurier la pénétration du lecteur, & parce que les questions rentrant l'une dans l'autre, se décident par les mêmes principes. Le peintre qui esquisse un grand tableau, s'occupe-t-il de la bordure?

On nous pardonnera sans doute d'avoir employé quelquefois un ton décisif, si l'on considere que les *probablement*, les *peut-être*, déja trop multipliés, ne pouvoient que ralentir la marche didactique de l'ouvrage. Persuadés que nous défendons une bonne cause, ce sentiment n'exclut pas la défiance que doivent inspirer la jeunesse & la médiocrité. En cas d'insuccès, nous serions encore consolés par le motif qui nous entraîne; mais nous serions abondamment récompensés de notre travail, s'il pouvoit alléger les peines d'une nation malheureuse, & lui procurer un défenseur plus éloquent. Elle n'en trouvera pas un plus zélé.

Gens ennemis de toutes innovations, ne niez pas les succès avant d'avoir fait des tentatives; votre humeur chagrine exigeroit-elle que dès le début, la révolution fût consommée, & que le coup d'essai fût le point de perfection? n'épiloguez pas sur de petits inconvéniens; car si l'homme étoit

réduit

réduit à n'adopter que des plans qui n'en offrissent aucun, il ne se décideroit jamais. Félicitons-nous d'avoir pour contemporains, quelques souverains qu'on peut louer sans les flatter, c'est-à-dire, sans s'avilir; espérons que des projets inspirés par l'humanité, conseillés par la nécessité, & appuyés par la religion, le seront un jour par les dépositaires de l'autorité publique. Déja Gustave & la Suede, Joseph & l'Allemagne, Louis XVI & la France, ouvrent aux Juifs un sein pacifique, Pierre-le-Grand n'osa tenter d'en faire des Russes: il vouloit auparavant créer son peuple; mais l'ouvrage s'achevera, & Catherine II vit encore.

O nations, depuis dix-huit siecles vous foulez les débris d'Israël! La vengeance divine déploie sur eux ses rigueurs; mais vous a-t-elle chargés d'être ses ministres? La fureur de vos peres a choisi ses victimes dans ce troupeau désolé; quel traitement réservez-vous aux agneaux timides, échappés du carnage, & réfugiés dans vos bras? Est-ce assez de leur laisser la vie, en les privant de ce qui peut la rendre supportable? Votre haine sera-t-elle partie de l'héritage de vos enfans? Ne jugez plus cette nation que sur l'avenir; mais si vous envisagez de nouveau les crimes passés des Juifs & leur corruption actuelle, que ce soit pour déplorer votre ouvrage; auteurs de leurs vices, ſoyez-le de leurs vertus ; acquittez votre dette & celle de vos aïeux.

Un ſiecle nouveau va s'ouvrir : que les palmes de l'humanité en ornent le frontiſpice, & que la poſtérité applaudiſſe d'avance à la réunion de vos cœurs. Les Juifs ſont membres de cette famille univerſelle qui doit établir la fraternité entre tous les peuples ; & ſur eux, comme ſur vous, la révélation étend ſon voile majeſtueux. Enfans du même pere, dérobez tout prétexte à l'averſion de vos freres, qui ſeront un jour réunis dans le même bercail ; ouvrez-leur des aſyles où ils puiſſent tranquillement repoſer leurs têtes & ſécher leurs larmes, & qu'enfin le Juif, accordant au Chrétien un retour de tendreſſe, embraſſe en moi ſon concitoyen & ſon ami.

F I N.

NOTES.

CHAPITRE PREMIER.

(1) VOYEZ les dissertations de M. de Correvon à la suite de sa traduction du traité d'Adisson sur la religion chrét. Geneve 1771, T. 3. N'est-il pas affreux, dit le Traducteur, de voir les Juifs suivre aveuglément Barchochebas, qui n'avoit que son nom pour étayer sa mission, tandis qu'ils avoient rejetté Jesus-Christ, dont tout annonçoit la divinité?

(2) St. Jérôme in Sophoni. Chap. X.

(3) Leges Wisigothorum. Chap. XII.

(4) Chronic. rothomag. in novâ bibliot. MS. T. I, pag. 363.

(5) Quelques auteurs, comme le Chronographe Saxon, et le Chroniqueur de Wurtzbourg, réduisent ce nombre à 1014. Il a plu à des écrivains modernes de faire une espece d'inversion dans ce calcul, et d'en tuer 14000. N'exagérons pas; mille innocens égorgés, c'en est bien assez pour déchirer le cœur.

(6) Annales Boiorum. Liv. V.

(7) Epistol. 322 et 323. Metz est peut-être la seule ville où les Croisés n'ayent pas trempé leurs mains dans le sang des Juifs. Louis le jeune, partant pour la Palestine, y assembla son armée, et cependant il n'est pas dit qu'ils y ayent reçu aucun outrage. Le silence de l'histoire à cet égard, vaut une preuve positive, si l'on considere que Metz avoit alors des historiographes.

(8) J'espere tracer un jour les révolutions du peuple

dont je plaide aujourd'hui la cause, et discuter la narration infidele des accusateurs de Cyrille ; narration adoptée par Barbeyrac (préface du droit de la nature et des gens), et par le savant Jacques Basnage dans son Histoire des Juifs. N'en déplaise à M. de Boissi, qui vante (Dissertations critiques, &c.) l'impartialité de ce dernier, je motiverai quelque jour mon assertion, en dévoilant les préventions et la partialité de Basnage sur l'article qu'on vient de citer, sur la maniere indécente et calomnieuse dont il traite les Asmonéens, sur le miracle arrivé lorsque Julien tenta de rebâtir le temple, sur, &c. &c.

(9) Agobardi opera de insolentiâ judæor. T. I, pag. 64. édit. de Baluze. Louis-le-Débonnaire, Prince d'un caractere mou, obsédé par des courtisans qui n'aimoient pas le Prélat de Lyon, et qui aimoient les présens des Juifs, se refusa obstinément à toutes les demandes d'Agobard, et ne lui accorda qu'une audience de congé. Ce que c'est (pour le dire en passant) que le caractere des courtisans. Ils poussoient la flatterie envers les Juifs jusqu'à se recommander à leurs prieres. Falloit-il, et pouvoit-on empêcher l'Evêque de baptiser les esclaves payens des Juifs, sans avoir obtenu le consentement de leurs Maîtres, sous prétexte que les loix, défendant à ceux-ci de tenir des esclaves chrétiens, ils auroient perdu le prix de l'acquisition ? La justice demandoit que ces Néophytes fussent soumis à continuer leur servage, si toutefois l'esclavage est admissible. Mais ce qui prouve que le zele d'Agobard étoit modéré, c'est qu'il offroit aux Juifs de leur rendre les sommes déboursées pour l'achat.

(10) Tillemont, Mémoires pour servir à l'Hist. ecclé.

T. 16. Vita Ferreol. in append. operis. MS. Ant. Dominici, cui titulus : familia Ansberti rediviva.

Le Cointe. Annales eccl. Fr. vita S. Hilarii, par Saint Honorat, son disciple. Autrefois l'Archevêque de Mayence étoit Avoué (*Advocatus*) des Juifs.

(11) Raynald. *Passim*. Pagi breviarium gestor. pontif. T. 1. On raconte que Philippe III, Roi d'Espagne, obligé d'assister à un *auto-da-fé*, frémit, et ne put retenir ses larmes, en voyant une jeune Juive, et un Maure de quinze à seize ans qu'on livroit aux flammes. Le grand inquisiteur lui en fit un crime, et lui dit que, pour l'expier, il falloit qu'il lui en coûtât du sang. Le Roi se laissa saigner; et le sang qu'on lui tira fut brûlé par la main du bourreau. Si ce fait, encore douteux, est vrai, pleurons avec Philippe III. Quel contraste entre cette férocité que la religion abhorre, et la douceur compatissante des souverains Pontifes envers les Juifs; douceur que le christianisme inspire, et qui le fait aimer!

Quand il y a un nouveau Pape, les Juifs vont l'attendre sur le chemin de St. Jean de Latran, pour lui rendre hommage, et lui présenter le rouleau de la loi mosaïque.

(12) Félicité publique. T. 2, chap. I.

(13) Hist. de Languedoc. Par Vaissette. T. 2.

(14) David Gantz. Germen Davidis.

(15) Les Juifs, chassés de France sous Dagobert I, Philippe Auguste, Philippe-le-Long et Charles VI, furent bannis pour la derniere fois en 1615. Louis XIII leur ordonna de vider ses Etats dans un mois, sous peine de la vie. Ceux de Metz et de Bordeaux furent exceptés. On lit dans les Mémoires de la régence du Duc d'Orléans, qu'en 1718 ils offrirent plusieurs millions pour obtenir un établissement légal et une synagogue à Paris.

Le Régent les refusa, quoiqu'il eût besoin d'argent.

(16) Ce fut aux Etats de Ploermel que Jean I, dit le Roux, donna cet édit foudroyant en 1239, selon les uns, 1240, selon d'autres. Il décharge les débiteurs, *quittavimus et quittamus.* Basnage dit que l'Edit du Prince déclare innocent quiconque tueroit un Juif. Cette clause ne concerne que le passé. Il défend seulement d'inquiéter ceux qui précédemment en auroient tué : c'est sur quoi sont d'accord et l'Auteur cité par Basnage (d'Argentré, Hist. de Bretagne. Liv. IV), et Lobineau, Hist. de Bretagne. T. 1 et 2, dans les preuves) ; quoique ces deux Ecrivains different d'ailleurs, en rapportant chacun le texte de l'Edit. Jean le Roux s'engage, pour lui et ses successeurs, pour le présent et l'avenir, à maintenir cette loi ; et, s'il la viole, il autorise les Evêques à l'excommunier, et à confisquer les terres de sa dépendance situées dans leur diocese, sans égard à aucun privilege.

(17) Ademar Cabillon. Chronic. apud Labbe, in novâ biblio. MS. T. 1, pag. 177.

(18) *Ut quos Rex excoriaverat, Comes evisceraret.* Mathieu Paris, an. 1255.

(19) Æneas Sylvius. Hist. Boh. Ch. XXXIV. Crusius. Annales Suevi. &c.

(20) Depuis 1663 jusqu'en 1666. L'exagérateur Dodd a rêvé dans sa prison, qu'on ne trouvoit plus un Juif en Perse depuis la derniere persécution sous Schah-Abbas second (Soliloques du docteur Dodd. Moudon. 1773. Solil. 3). La vérité est que leur nombre, autrefois excessif dans cette contrée, y est seulement diminué, parce qu'on les y maltraite impunément. On trouve encore en Perse, et sur-tout dans les provinces septentrionales,

une foule de Juifs fort mal famés pour la probité. Dans les temps de sécheresse, les Persans font des processions pour fléchir le ciel, et obligent les Juifs à en faire de même. Voyez l'Histoire des découvertes faites par divers savans Voyageurs dans plusieurs contrées de la Russie et de la Perse. Berne. 1779. T. 2, pag. 363 et suivantes.

CHAPITRE II.

(1) Vie de Cromwel. Par Grég. Leti. On y trouve la députation des Juifs au Protecteur, qui, loin d'accepter la qualité de Messie, s'irrita contr'eux.

(2) On sait qu'ils ont pénétré en Amérique, et même dans les possessions Espagnoles de ce pays-là. Déja ils sont nombreux chez les Anglo-Américains (Voyez le voyage dans les Colonies, du milieu de l'Amérique septentrion. Par Burnaby. Lausan. 1778). Les Juifs, courbés par tout sous le joug, ont porté en tous lieux leurs larmes et leur désespoir. « S'ils eussent été tous convertis par Jesus-Christ (dit Paschal), nous n'aurions plus « que des témoins suspects; et, s'ils avoient été exter- « minés, nous n'en aurions point du tout. » (Voyez ses pensées, art. 16.)

(3) Lorsque André se donna, sous Trajan, pour le Messie, et engagea ses adhérens à exterminer les infideles, les Juifs massacrerent plus de deux cent vingt mille personnes dans la Cyrénaïque et dans l'Isle de Chypre. Dion et Eusebe disent que non contens de les tuer, ils mangeoient leur chair, se faisoient des ceintures de leurs intestins, et se frottoient de leur sang.

(4) On compte plus de vingt faux Messies jusqu'à Zabbathai-Zevi, qui parut au siecle dernier. Les Rabbins

n'osent plus marquer le moment de l'arrivée du libérateur ; mais il y a quelques siecles qu'ils se mêloient d'en déterminer l'époque. L'imposteur David Limlein l'avoit fixée à l'an 1500. Il obligea les Juifs de démolir les fours où ils cuisoient leur pain sans levain. Ces fours devenoient inutiles, puisqu'on devoit l'année suivante manger les azymes à Jérusalem.

C'est une chose assez singuliere, si toutefois elle est vraie, que ce Concile des Juifs en Hongrie, l'an 1650, auquel Samuel Bret prétend avoir assisté. Trois cents Rabbins assemblés camperent sous des tentes dans la plaine d'Ageda. Le premier jour se passa en complimens ; les jours suivans on discuta si le Messie étoit venu, ou s'il falloit encore l'attendre. La pluralité des voix fut qu'il n'étoit pas encore arrivé. Il fut ensuite question de la maniere dont il devoit paroître, et l'on décida qu'il se montreroit en conquérant, qu'il ne changeroit pas la loi de Moyse, et qu'il naîtroit d'une Vierge. Les Rabbins examinerent après si J. C. est le Messie, et ils déciderent que non.

CHAPITRE III.

(1) Villaret, Hist. de France. 1393.

(2) Je n'ai lu nulle part que dans le moyen âge, les Juifs ayent été soumis à l'Ordalie. Avant les épreuves de l'eau bouillante, du fer chaud, des duels, on faisoit quelquefois jurer de n'employer aucun maléfice pour empêcher l'effet naturel ou surnaturel qu'on attendoit de ces causes. Peut-être croyoit-on les Juifs également capables de magie et de faux sermens.

(3) M. Beraud de Bercastel (Hist. eccl. T. 3, page 211) nie les horreurs exercées par les Juifs sur des en-

fans chrétiens, tandis que M. Feller (Journal de Luxembourg, 1er. Octobre 1782) veut en trouver une foule d'incontestables. L'auteur des lettres juives (Tom. 4, pag. 346) penche à croire que ces accusations ne sont pas destituées de fondement.

(4) Tous les Juifs furent chassés de St. Diez par le Duc de Lorraine, à cause du crime de celui qui avoit profané la sainte hostie. Sa maison fut vendue; elle appartient actuellement au chapitre. En mémoire de cet événement, tous les ans le locataire, en manteau noir, va seul à l'offrande le jour du vendredi-saint, et pose sur l'autel une boîte contenant un millier d'hosties, pour être consacrées. J'ai dit que ce fait *paroissoit authentique*; car je ne vois pas encore que le crime du Juif soit absolument hors de doute.

Ruyr avoue lui-même qu'on a eu plusieurs opinions sur ce sujet. D'ailleurs il narre d'après Richerius, moine de Senones : tous deux sont trop crédules; on en jugera par le trait suivant consigné dans leurs ouvrages. Un Juif ensorcela une fille; et pendant qu'elle dormoit profondément, il lui arracha la matrice. Cette fille réveillée sentit qu'il lui manquoit quelque chose, et se mit à pleurer. Cet événement fit sensation; une visite de matrone décida qu'on lui avoit enlevé l'uterus. Le Juif confronté avoua le crime, fut condamné à mort, et attaché à la queue d'un cheval. Comme on le traînoit au gibet, il témoigna avoir des choses importantes à révéler; mais celui qui montoit le cheval en pressa la marche, parce que les Juifs lui avoient promis de l'argent pour empêcher le coupable de parler, de crainte qu'il ne les chargeât dans ses dépositions : en conséquence on le pendit vîte la tête en bas. V. la chronique de Richerius dans le troisieme vol. du Spicilege de d'Achery; c'est le ch. XXXII de l'imprimé, et le trente-sixieme du MS. Original conservé à l'abbaye de Senones. V. aussi le chap. XXXVII et Ruyr. Recherches des saintes antiquités des Vosges. Epinal 1634, chap. XV et XVI.

A Bruxelles, on conserve avec soin dans la Collégiale de sainte Gudule, des hosties saintes profanées par des Juifs. On connoît aussi celle du couvent des Billettes à Paris. Voy. l'histoire de la Fête Dieu. Liege 1781.

(5) On ne sent pas assez combien l'homme est porté à tirer des inductions générales de faits particuliers ; et l'histoire du voyageur qui mettoit sur son Album que toutes les femmes de Blois étoient rousses et acariâtres, parce que son hôtesse l'étoit, n'est que l'image de ce qui se répete tous les jours dans la société.

Bonfinius (rerum Hungaricar. decas. 4, l. 4, et decas. 5, l. 3), racontant qu'en 1494 des Juifs de Tyrnau égorgerent un jeune chrétien, prête à leur action des motifs dont on ne se douteroit pas; « 1°. parce qu'ils tiennent de leurs ancêtres, que le sang des chrétiens, appliqué sur la plaie dans la cérémonie de la circoncision, a la propriété d'arrêter l'hémorragie. 2°. Ce sang, mêlé dans leurs alimens, resserre les liens de leur amitié mutuelle. 3°. Les Juifs étant soumis aux évacuations périodiques, le sang d'un chrétien, administré en potion, est un remede assuré contre cette incommodité. 4°. Un ancien décret, dont ils nous font mystere, les oblige à immoler constamment des chrétiens dans quelque partie du monde; et précisément cette année, les Juifs de Tyrnau étoient chargés de ces sacrifices ». Quelle pitié! Pierius Valerianus, dans ses hyéroglyphes, assure que les Juifs achetent à grand prix du sang des chrétiens pour évoquer les diables, et qu'en le faisant bouillir, ils obtiennent des réponses à toutes leurs questions.

On connoît l'accusation intentée dans le siecle dernier contre quelques Juifs de Metz, inculpés d'avoir égorgé un enfant du village de Glatigny. L'auteur de l'ouvrage intitulé : *Abrégé du procès fait aux Juifs de Metz*, paroît un peu crédule; mais aussi celui du factum inséré dans la bibliothêque de Saint Jore, T. 1, le réfute pitoyablement. Quoi qu'il en soit le Parlement de Metz, en 1670, condamna Raphael Levi à être brûlé vif (ce qui fut exécuté); ordonna que l'arrêt seroit gravé sur une lame de cuivre attachée à un pillier de pierres de taille, élevé dans la rue des Juifs (ce qui n'a pas eu lieu); leur défendit, sous peine de la vie, d'exposer dans leurs rites un crucifix, ni autre figure tendante à la dérision de J. C., de la sainte Vierge, ou d'autres objets de notre vénération religieuse.

Les Juifs de Metz ont assez la coutume de jeûner le jour anniversaire de l'exécution de Raphaël Levi, et font des visites de bienséance aux descendans de sa famille.

(6) V. ses dissertations, T. 2, pag. 104 et suivan. Sédécias, Médecin de Charles-le-Chauve, l'avoit déja été de Louis-le-Débonnaire. Si l'on en croit la chronique d'Hirsauge, il divertissoit ce Prince et sa Cour, en avalant un homme dont il avoit coupé les pieds et les mains, et il le rendoit vivant. On dit même qu'un jour, en présence de la Cour, il mangea une charrette de foin avec le cocher et les chevaux; ce qui peut-être n'est pas vrai.

(7) Scriptores rerum Moguntiacarum. T. 3, p. 175.

(8) Endectes Judenthum. 2 vol. in-4°.

(9) Hist. de Fran. Par le P. Daniel, regne de Philippe-le-Long.

(10) La mort du grand Maître Molé est un sujet vraiment théâtral; il est surprenant que la tragédie ne s'en soit pas encore emparée.

CHAPITRE IV.

(1) On trouve à ce sujet un passage curieux dans Ammien Marcellin, l. 2. « Marc-Aurele, dit-il, traversant la Palestine pour arriver en Egypte, excédé d'ennuis et de douleurs par les Juifs, nation *puante* et *séditieuse*, s'écria avec indignation : ô Marcomans! ô Quades! ô Sarmates! enfin j'ai trouvé un peuple plus remuant que vous ».

(2) Maimonides, dans son *Moré nevochim*, part. 3, chap. XLVI, remarque très-sensément que si Moyse prescrit aux Juifs d'immoler des beliers, des bœufs et des boucs, c'étoit pour leur rendre abominable le culte que les Thébains, les Memphites et les Mendesiens rendoient à ces animaux.

(3) Tacite, hist. l. 5, les accusoit de détester toutes les nations. Boulanger, après beaucoup d'autres, leur fait les mêmes reproches. On assure qu'en Afrique ils sont plus animés que les Maures même, contre les Chrétiens. V. la relation de Fez et de Maroc, traduite de l'Anglois, et publiée par Ockley. Amsterd. 1726.

CHAPITRE V.

(1) Antiquité dévoilée par ses usages.

(2) Lettres de quelques Juifs portugais, &c. à M. de Voltaire. T. 1, pag. 12. Paris 1776.

(3) V. les pensées d'Oxenstirn.

(4) Ces trois sectes sont, 1°. celle des Rabbanistes ou Pharisiens modernes : c'est la plus nombreuse, elle comprend nos Juifs allemands, portugais, et tous ceux qui admettent les traditions orales, le talmud, les midraschim, le pirke abbot, &c.

2°. Les Samaritains. On n'en trouve plus gueres qu'en Egypte et en Judée, où ils ont quelques synagogues. Un voyageur lorrain (Beauveau, voyage au levant, troisieme partie) réduisoit leur nombre total à deux cent cinquante. Leur principal séjour est à Naplouse, qui est l'ancienne Sichem, confondue mal-à-propos avec Samarie, par Herbelot et d'autres auteurs. Ils continuent d'immoler sur le mont Garizim, et de tous les Juifs ils sont actuellement les seuls qui offrent des sacrifices. Persuadés que les Juifs anglois étoient de leur secte, ils leur écrivirent à la fin du siecle dernier. Les lettres étoient adressées à leurs freres *dans la ville d'Angleterre ;* ils ont fait aussi des réponses à Joseph Scaliger et à Ludolphe qui leur avoient écrit.

3°. Les Caraïtes. Ils sont répandus en petit nombre en Pologne, à Constantinople, en Egypte. Par un dénombrement fait vers le milieu du siecle dernier, et qui ne peut passer que pour une approximation, on n'en trouva en total que quatre mille quatre cent trente. On a voulu les faire descendre des Saducéens, ce qui est douteux ; car les Caraïtes admettent l'immortalité de l'ame, et par une conséquence nécessaire, les peines et les récompenses de la vie future. Collectivement considérés, ce sont les plus honnêtes gens d'entre les Juifs ;

ils sont aussi les plus sensés, car ils rejettent les traditions talmudiques. On ne leur connoît gueres qu'une vaine observance; c'est de croire les prieres peu fructueuses, si on n'a pas à côté de soi des flambeaux allumés. Trigland vante beaucoup leur frugalité et leur propreté. Il assure, avec Cuneus, que les Caraïtes, ordinairement très-riches, sont quelquefois embarrassés pour marier leurs filles, parce qu'ils ont étendu fort loin les empêchemens de consanguinité; que d'un autre côté, les Juifs rabbanistes qui les détestent, ne veulent pas s'allier avec eux; et quoique les rabbanistes ne voyent que par les yeux de l'intérêt, qui absorbe toute leur énergie, ils aiment encore mieux renoncer à l'opulence, que d'avoir des beaux-peres qui ne radotent pas. V. Cuneus de repub. Hebr., l. 3, chap. VIII, et Trigland, Diatribe, de sectâ Caræorum.

Il n'y a plus d'Esséniens. Quelques auteurs ont trouvé les points de rapprochement de cette secte, avec celle de Pythagore; mais a-t-on remarqué la grande conformité qui se trouve entre les Quakers et les Esséniens? Ceux-ci se distinguoient par un air de dignité, la simplicité du vestiaire jointe à une propreté scrupuleuse, la sobriété, l'amour pour le travail, l'union entr'eux, des mœurs douces et hospitalierse. Ils n'avoient point de domestiques, et regardoient l'esclavage comme injurieux à l'humanité. La guerre leur paroissoit un outrage à la loi naturelle. Fideles observateurs de leur parole, jamais ils ne prêtoient serment. Dans leurs assemblées religieuses, le plus instruit, ou celui qui se croyoit tel, se levoit pour expliquer la lecture, &c. &c. En vérité on croiroit qu'il s'agit des Trembleurs. Il semble que Georges Fox ait calqué sa doctrine sur la description que Joseph et Philon ont faite des Esséniens.

Je suis toujours surpris que les Juifs, sans cesse en but à la persécution des peuples, n'ayent pas ressuscité la secte des Réchabites, et ne soient pas devenus Nomades. Plus de motifs devoient les conduire à ce genre de vie, que nos Cyganis ou Bohémiens errans.

(5) Ockley. Relation de Fez, &c.

(6) Bossuet. Hist. des variations.

(7) Quand le Messie paroîtra, les plaisirs seront aussi fréquens que la pluie, dit un Rabbin.

CHAPITRE VI.

(1) Baeze, riche marchand juif, ayant été mis à la question, avoua la conspiration formée contre la maison de Bragance. V. les révolutions du Portugal, par Vertot. On impute encore aux Juifs d'avoir livré Barcelone aux Maures : c'est une accusation de l'annaliste de saint Bertin.

(2) Journal encyclop. premier Novem. 1781.

(3) Lettres juives. T. 2, pag. 170.

(4) Brydone. Voyage en Sicile et à Malte. T. 1, pag. 243. L'auteur de la géographie dédiée à Mlle. de Crozat, dit que la conspiration fut découverte par un Arménien, et un Juif converti. On parle aussi d'un Juif, qui, lors du siege de Tunis, par Charles-Quint, sauva la vie à plusieurs milliers d'esclaves chrétiens que Barberousse vouloit faire égorger.

(5) V. mémoires sur le Brandebourg.

(6) Ockley. Relation, &c.

(7) E. b. pag. 77.

(8) Ambroise Paré, le 20. Ch. VIII de sa chirurgie. V. aussi la physiologie de Haller. La ladrerie pénetre

sept toises de murailles, dit Joubert, erreurs populaires. Liv. 2, chap. XII.

(9) Quelques écrivains débitent que le cagotisme ayant déclaré la Reine frappée pour toujours de stérilité, si on laissoit subsister l'édit, il fut annullé sur le champ, Mais, je le demande à tout homme sensé, une imposture si grossiere, une crédulité si sotte, dans notre siecle, dans une Cour éclairée, tout cela est-il présumable? En alléguant le libertinage des Juifs pour cause de cette révocation, j'ai pour garant un homme bien informé, et dont l'autorité n'est pas suspecte; c'est M. le docteur de Gueldres, Juif, connu par son long séjour à Jérusalem, par ses voyages dans les trois parties de l'ancien monde, et par son poëme anglois : *les Israëlites à la montagne d'Horeb.*

(10) V. son traité, aussi rare que curieux en Espagnol. Las excellentias de los Hebreos. Por el doctor Isaac Cardoso. Amst. 1679, in-4°., et l'ouvrage qui fait suite à celui-là, pour réfuter les calomnies dont on charge sa nation.

(11) Buxtorf, Synagoga judaica. Chap. II, IV et VIII.

(12) V. les cérémonies funebres de toutes les nations, par Muret. Paris 1679. Chap. XVI.

(13) Voyage en Angleterre et en Italie. Par M. Archenholtz. L'auteur de l'ouvrage intitulé : Londres, T. 2, est d'un avis contraire; il cite les Juifs anglois, comme des hommes estimables attachés à l'état, et dont les capitaux font partie de la richesse nationale.

(14) Bern. Valentini. Pandectæ medico-legales. Francfort 1701. T. 1, pag. 4, 20.

Tractatus de Judaismo. Gissæ, 1660.

Behrens

Behrens selecta medica. Françf, 1708. Pag. 26, &c. Holzius miscel. germ. decas. prima. En Hollande on admet quelquefois des Juifs dans les loges de francs-maçons : mais à Berlin, depuis quelques temps, on ne les aggrege plus.

(15) Tostat. 1°. Reg. quæstione octavâ.

(16) Decisiones aureæ. Augustæ Taurin. 1597. seconde part. liv. 2, chap. XXIII, &c.

(17) Dodecas legalis de judæorum receptione, ac tolerantiâ. Ienæ. 1700.

(18) Decisiones aureæ. Liv. 2, chap. XXIII.

(19) Hist. de Théodose. Par Flechier, liv. 3, et Boissi. Disertations pour servir à l'hist. des Juifs, T. 2, p. 24 et suiv. L'auteur de *la lettre d'un milord*, &c., prétend que les Juifs n'eurent jamais le goût de faire des prosélytes. Les auteurs qu'on vient de citer produisent les preuves du contraire, et l'auteur de la lettre peut choisir entre la mauvaise foi et l'ignorance.

(20) V. Præstantium ac eruditorum virorum Epistolæ ecclesiast. Amsterd. 1660. Il y a un extrait de lettre du prévôt ecclésiastique de Geneve, de l'an 1632. Il raconte qu'Antoine Lorrain, élevé aux Jésuites de Pont-à-Mousson, converti par Ferri, Ministre à Metz, très-lié ensuite avec les Juifs de cette Ville et de Venise, avoit adopté leurs dogmes, et qu'il fut brûlé à Geneve en 1632. On a cité aussi Bucer, Rittangel, Bodin, le P. Mena, &c., comme ayant judaïsé en secret ; mais ces faits incertains n'ont pas encore le cachet de la vérité.

(21) Concile Agathens. Chap. XXXIV, pag. 1389 et 1390. Edit. de Labbe. Concile. Veneti., an. 465, chap. XII, pag. 1056.

(22) Soliloq. du docteur Dodd.

(23) Maillet. Description de l'Egypte. Lettre 12.

(24) Hist. des découvertes faites par, &c.

(25) Boissi. Dissertat. T. 2, pag. 170.

(26) Relation des Peres de la Mercy, au royaume de Fez et Maroc, en 1687.

(27) Basnage, liv. 8, chap. XXX. Les Juifs payent quatre sortes d'impôts au Sultan : 1°. pour chaque enfant mâle; 2°. pour le droit de synagogue; 3°. pour le droit d'enterrer; 4°. pour acheter des pavillons aux Musulmans. Voici l'origine de cette taxe : quelques Juifs s'étoient avisés de dire qu'ils iroient seuls en paradis. Où serons-nous donc, leur dirent des Turcs, présens à la conversation? Les Juifs, intimidés, n'osant les exclure du ciel, déciderent qu'ils seroient sur les avenues, dans les cours : en conséquence le grand Vizir, informé, imposa aux Juifs un nouveau tribut pour acheter des tentes aux Musulmans, et les soustraire aux injures de l'air. V. essais sur Paris. Par M. de Sainte-Foix, T. 4, pag. 135, &c.

(28) La chronique de Suisse, par Stumpf, renferme des gravures en bois, qui représentent un Juif pendu par les pieds à côté d'un chien. *Nota* que les Juifs ont été chassés de toute la Suisse. On n'en trouve plus que quelques familles dans le comté de Baden.

Actuellement encore, quand les chiens sont trop multipliés à Ligourne (Livourne), on les tue, et on les jette dans le cimetiere des Juifs. Voyages de Hasselquist, seconde part., pag. 4.

(29) Il a fallu un acte émané du trône pour les dispenser du péage corporel en Alsace. (Lettres-patentes de 1784).

(30) Basnage, liv. 9, chap. XIV.

(31) Mélanges de Shaftesbury. T. 3, seconde part., chap. III.

CHAPITRE VII.

(1) Voyage de Roques. Paris, 1716. T. 1, pag. 107. Le savant abbé Vinkelman (hist. de l'art chez les anciens, T. 2), assure qu'autrefois les figures juives pouvoient fournir de très-beaux modeles, et il remarque, avec Jos. Scaliger, qu'on ne trouve pas de nez écrasés parmi leurs descendans. Il pouvoit ajouter que la ressemblance des enfans aux parens est plus commune chez les Juifs que chez nous.

Deux beautés juives ont fait sensation dans nos temps modernes : l'une est la belle Esther, qui fut aimée de Casimir le grand, Roi de Pologne. A un mille de Casimir, qui est le fauxbourg de Cracovie, est un monticule nommé la tombe d'Esther.

L'autre est la belle Rachel, maîtresse d'Alfonse VIII, Roi de Castille ; il avoit promulgué une loi qui défendoit aux Juifs d'exercer leur culte. Les Rabbins conseillerent d'envoyer au Monarque une jeune fille vierge. On choisit Rachel ; Alfonse, épris de ses charmes, révoqua l'arrêt ; mais les Castillans, indignés, tuerent la Reine. Ce fait, sur lequel les historiens sont partagés, a fourni le sujet d'une piece au théâtre espagnol.

(2) M. Michaélis Beurtheilung üeber die bürgerliche verbesserung der Juden von Ch. W. Dohm.

(3) Voyage de Misson.

(4) Voyage de Norwege. Par M. Mallet, pag. 255. Benjamin de Tudele observa que les Juifs, transplantés en Afrique, et sur-tout dans l'Abyssinie, depuis six siecles, y étoient devenus noirs. On a disserté sur les Juifs

blancs et noirs de Cochin, qui se haïssent cordialement. Quand un Rabbin blanc entre dans une synagogue où un Rabbin noir pérore, celui-ci est obligé de céder sa place, et de sortir vite. Nous n'avons encore sur leur compte que des détails vagues et fort incertains; mais probablement cette distinction de blancs et de noirs n'indique qu'une couleur plus ou moins foncée. Les européens blancs et bruns sont tous nommés blancs dans les contrées où le teint a une différence tranchante de la nôtre.

(5) Buchan. Médecine domestique. T. 3. Hasselquist nous apprend que les juives du Caire sont très-sujettes au tenia; ce qu'il attribue spécialement à l'usage de manger beaucoup de confitures.

(6) Le passage d'Abrabanel se trouve dans Reusselius. Dissert. de pestilent. à Deo, &c. ad Deuteron., chapit. XXVIII, et dans Carpzovius. Dissert. de filio hominis ad antiquum dierum delato, &c. Marc-Zimara attribue les hémorrhoïdes des Juifs à leur mélancolie.

(7) Tostat. in 1°. Reg., chap. V. Bonfinius rerum hung. decas. 4°. Liv. 5, &c. Alexander ab Alexandro genialium dierum. L. 4, chap. XXVI.

(8) Cardoso. V. le chap.: non cola y sangré.

(9) Martial épigr. liv. 4. Rutilii numant. itinerarium. Fortunat pœm. liv. 5. Ammien Marcel. liv. XXII. L'auteur de la *Roma santa* dit qu'ils perdent leur puanteur par le baptême. Les Juifs nous ont rendu ces imputations; car des Rabbins ont assuré que le serpent avoit répandu sur Eve une puanteur transmise à toute sa postérité, et dont les seuls Juifs sont exempts. Tous les peuples ont un répertoire d'injures plus ou moins enflé: mais les dénominations de *Juifs*, de *puants*, y occupent presque

toujours une des premieres places. Quand la prévention et la méchanceté ont voulu avilir les Gahets de Gascogne et les Caqueux de Bretagne, on leur a imputé une mauvaise odeur et une origine juive. V. les dissert. de l'abbé Venuti.

(10) Hecquet et Saury attribuent leur mauvaise odeur à la trop grande quantité d'ails qu'ils consomment. Voy. Dispenses de carême, par Hecquet, part. prem., chapit. XXVIII. Géographie physique, par Saury, T. 2, p. 95. Lemery le fils (Traité des alimens, chapit. XXI), et Beckrens (selecta diætetica, sect. 2), l'attribuent à l'usage de manger beaucoup d'oyes.

(11) Traité sur la santé et l'éducation médicinale des filles destinées au mariage. Par M. Venel. Yverdun 1776.

(12) M. Vicat, auteur d'un traité sur la Plique polonoise, assigne diverses causes à cette maladie, entr'autres la malpropreté. Voilà pourquoi les Juifs de Pologne y sont encore plus sujets que le reste du bas peuple.

(13) Traité sur la longévité, Mercurialis de morbis cutaneis, chap. II. Aldrovande de quadrup. bisulcis. T. 5. Gesner de sue, liv. I.

(14) Hist. natur. T. 5, variétés de l'espece humaine.

(15) Vandermonde. Essai sur la maniere de perfectionner l'espece humaine. Paris 1756. T. 1, premiere partie.

(16) Système physique et moral de la femme. Par M. Roussel.

CHAPITRE VIII.

(1) Essai sur la différence du nombre des hommes. Par M. Wallace. Londres 1754.

(2) Michaélis.

(3) Simeon Luzzati. Discorso circa il stato de gli Hebrei, c. XIII. Lancelot Adisson. Présent state of the Jews.

(4) Sur Moses Mendelson, sur la réforme des Juifs. Par M. de Mirabeau.

(5) Schudt. Memorabilia judaica.

(6) Basnage. Hist. des Juifs, liv. 9, chap. XXXVIII.

(7) M. de Turkheim l'Ammeistre. Je me fais un devoir de consigner ici mes sentimens de gratitude envers lui et d'autres amis qui m'ont éclairé de leurs réflexions, et encouragé par leurs suffrages. L'un d'eux, livré à un sort errant, promene actuellement ses douleurs dans je ne sais quel coin de l'univers. Si jamais cet ouvrage tombe sous ses yeux, il saura que j'oublie ses torts, pour m'attendrir sur ses malheurs.

(8) L'auteur des essais historiques sur les Juifs, Lyon 1771, T. 1, chap. XVIII, après avoir parlé des Juifs du Comtat, dit qu'en France nous n'en avons qu'à Bordeaux, Metz et *Strasbourg*.

En peu de mots, que d'erreurs dans un ouvrage d'ailleurs estimable ! L'auteur ignore donc qu'il y en à Paris, Lyon, Rouen, Bayonne, Dieppe, Nancy, Lunéville, Boulay, &c. L'Alsace en fourmille ; leur multiplication est alarmante : car ils n'ont, comme par-tout, aucune cause de dépopulation, mais ils ne peuvent pas même coucher à Strasbourg. On n'y trouve que l'hôtel de Cerf-Berr, dont la famille très-opulente a obtenu cette faveur de la cour. Les Juifs ont été plusieurs fois maltraités à Strasbourg. Accusés, en 1349, d'avoir empoisonné les puits, on en brûla deux cents. C'est delà que la rue *Brand-gass*, ou rue *Brûlée*, a tiré son nom, parce que ce fut le lieu de l'exécution. L'histoire des Juifs de Strasbourg offre des anecdotes intéressantes que Basnage n'a pas connues ;

tel est entr'autres l'usage journalier de sonner du cor à huit heures du soir et à minuit sur le beffroy de la Cathédrale, en mémoire de ce que les Juifs avoient voulu trahir la ville, dit une tradition qui n'est pas sans contradicteurs.

(9) Fischer. Dissertatio inauguralis de statu et jurisdictione Judæorum. Angentorati 1763.

(10) V. les recherches sur la population. Par M. Moheau.

(11) Note communiquée par mon savant ami, M. Saucerotte, de l'académie de chirurgie.

(12) V. les cérémonies et coutumes des Juifs. Par Léon de Modene. Lemnius, De occultis naturæ miraculis, liv. 1, chap. IX. Mauriceau, Maladies des femmes grosses, liv. 1, chap. I. M. de Lignac, De l'homme et de la femme considérés physiquement dans le mariage.

(13) Esprit des loix, liv. XXIII, chap. XIII.

(14) Ils achetent des actions, et ont même des vaisseaux en propriété; mais malgré leur avidité pour le gain, on n'en voit point armer en course, ni se faire corsaire. Je n'ai jamais ouï dire qu'aucun, même déguisé, se soit joint aux Flibustiers. En général les Juifs n'aiment pas la mer, par la crainte sans doute de manœuvrer le jour du sabbat; leurs ancêtres n'avoient certainement pas le même scrupule, lorsqu'ils cingloient d'Aziongaber à Ophir : car, quoiqu'on ne sache où placer ce dernier lieu, il paroît que la traversée étoit fort longue. Boulanger confirme ce qu'on avance sur leur répugnance pour la navigation. Antiquité dévoilée, T. 3, l. 5, chap. III.

(15) V. son ouvrage intitulé l'an 2440.

(16) En Allemagne sur-tout où ils sont si nombreux, et encore plus en Pologne, où les Grands s'en servent

pour tourmenter leurs serfs; ils y exercent le métier des furies. M. Coxe (Voyage au nord, &c. T. I), en compte six cent mille dans ce royaume. Les seules provinces réunies aux états d'Autriche en contenoient cent quarante-quatre mille deux cents, lors du dénombrement; c'est environ un dix-huitieme sur deux millions cinq cent quatre-vingt mille sept cent quatre-vingt-seize mille habitans.

CHAPITRE IX.

(1) Tractatus juris germanici de Judæorum in Hassiâ præcipuè Darmstadinâ juribus atque obligationibus. Par Gatzert. Gissæ 1771.

(2) Institutions politiques. Par le baron de Bielfeld.

CHAPITRE X.

(1) V. M. Dohm üeber bürgerliche verbesserung der Juden, &c.

(2) Buxtorf. Synagoga judaica, chap. XIX.

(3) Ceux qui méprisent les préceptes des Rabbins subiront un supplice bien étrange, *damnabuntur in stercore bullienti*; et dès ce monde, on peut lancer sur eux le Kerem. C. A. D., l'excommunication majeure qui fait son effet même sur les chiens, et qui entre dans le corps par deux cent quarante-huit membres. Alors on est trop heureux de recourir à ceux qu'on a vitupéré, pour avoir main-levée de cette sentence: car un Rabbin peut non seulement absoudre les autres, mais encore s'excommunier et s'absoudre lui-même.

(4) De l'orgueil national. Par M. Zimmermann.

(5) Maimonides de idolol. Chap. V, VI et X.

(6) Ici, je parle d'après Basnage, qui attribue cette sentence à Salomon-Jarchi, tandis qu'il cite en note l'histoire des Juifs, par Salomon ben Virga. Je n'ai pu me procurer ces deux auteurs pour vérifier la citation, et savoir auquel des deux il faut faire honneur de cette belle décision.

(7) Antiquité dévoilée. T. 2, liv. 4, chap. III.

(8) Basnage, liv. 4, cha. XVIII. Lecteur, vous frémissez! mais, dites-moi, la fureur des duels parmi nous, est-elle autre chose que ce principe réduit en pratique? Beaucoup de militaires abhorrent à la vérité un usage qui les flétrit aux yeux de la religion et de la raison; et sans doute il viendra ce moment, où, d'un commun accord, ils renonceront à une brutalité dont une postérité plus sage rougira pour les siecles antérieurs.

(9) Basnage.

(10) Le curé de St. Sulpice ayant également refusé le baptême à ce Juif, celui-ci fit faire un mémoire à consulter, dont le résultat étoit de dénoncer ce refus au Parlement toutes les Chambres assemblées. Le mémoire est imprimé chez Paul Duménil, rue de la Vieille-Draperie. 1752.

(11) V. Jean-Christ Wolf. préface à la tête de la *Notitia Caraeorum, par Mardochée,* p. 12 et 13.

(12) Réflexions sur l'hist. des Juifs, T. 2, p. 51 et 52.

(13) Postel in alphabeto 12. Ling. Drusius, p. 296.

(14) Je tiens ce fait de M. Ensheim, savant Juif allemand, disciple de Mendelsohn.

Nota. La crainte de calomnier m'oblige à dire qu'en avançant ces graves inculpations, quelques ouvrages Juifs n'ont été cités que sur des traductions dont je ne garantis pas la fidélité. M. Bing, savant Juif de Metz, et mon ami, prétend que ces décisions dignes d'un habitant de Bedlam, ne se trouvent pas dans les Rabbins; mais dans des fatras ignorés, ou même ne se trouvent aucunement. Il accuse nos auteurs de méprise, et feroit presque grace à leur ignorance pour attaquer leur bonne foi. Je sais qu'en isolant des phrases, en mutilant des passages, on dénature quelquefois le sens des écrivains; on leur impute des conséquences qu'ils désavoueroient; quoiqu'elles dérivent immédiatement de leurs principes. Par amour de Juifs, je souhaite que M. Bing ait raison, et j'engage cet écrivain à cribler toutes mes assertions. Du choc des discussions, on verra jaillir la vérité.

De nos cailloux frottés, il sort des étincelles.
VOLT.

Quand même tous les crimes imputés aux Juifs seroient vrais, en derniere analyse ils seroient moins coupables que les nations qui les ont forcés à le devenir.

CHAPITRE XI.

(1) Wassebourg, Antiquités de la Gaule Belg. l. 7, f. 480 et 481. Il y a long-tems qu'il existe en Allemagne ce proverbe : *Heureuse la ville dans laquelle on ne trouve pas Abraham, Nemrod et Naaman*, c'est-à-dire, *dans laquelle on ne trouve ni Juif, ni tyran, ni lépreux*.

(2) Un Juif pendu pour avoir rogné des guinées, appelloit cela l'amour des belles-lettres.

(3) Hist. des rits et coutumes des Juifs, par Léon de Modene.

(4) Non fœneraberis fratri tuo ad usuram, pecuniam, nec fruges nec quamlibet aliam rem, sed alieno, &c. Deuterono. ch. XXIII, v. 19 et 20.

(5) Tostat. 3, reg. quæst. 5.

(6) Voyage de Pokoke.

(7) Affiches de Metz, 1784, n°. 9.

(8) Pardon, mon cher Bing, comme Mendelsohn, c'est par des vertus que vous voudriez faire l'apologie de votre nation; je sens que cette tirade agitera tous les ressorts de votre ame; je l'écrivis en Alsace lors des événemens dont il est question; elle est peut-être trop véhémente; mais mon cœur étoit saignant, j'écrivois sous sa dictée.

On connoît l'ouvrage intitulé : *Observations d'un alsacien sur l'affaire présente des Juifs d'Alsace.* On a contesté à l'auteur la vérité de ses inculpations, et je ne voudrois pas avec lui reprocher aux Hébreux actuels la mort du Sauveur. Mais a-t-on prouvé qu'il dit faux en tout?

(9) Boulainvilliers, état de la France, T. 1.

CHAPITRE XII.

(1) V. le Glossaire de la basse latinité, par Ducange, au mot *caorsini.* Mathieu Paris. Hist. d'Angleterre. Velly. Hist. de Fr. regne de Louis IX. T. 6, p. 58.

(2) Fischer. Hist. du commerce d'Allemagne. Halle 1785.

(3) D'autres attribuent mal-à-propos aux Lombards l'invention des assurances maritimes.

(4) La Guilletiere, dans sa Lacédémone ancienne et moderne, assure que tout le commerce du levant passe par les mains des Juifs. Tournefort, dans ses voyages, assure la même chose; et par une contradiction claire, il avoit dit un peu avant que les Arméniens sont maî-

tres du commerce de l'Orient. Le même auteur vante leur bonne foi, leur frugalité, &c. tandis que Gmelin, (Histoires des découvertes faites par divers savans voyageurs), nous peint ces mêmes Arméniens, comme étant tous fourbes et capables de vendre leurs peres, s'ils y trouvoient leur avantage. Et puis fiez-vous aux relateurs; la seule chose sur laquelle ils soient tous et toujours d'accord, c'est sur la fourberie et les fripponneries des Juifs.

(5) V. la note 4, ch. XXIII.

(6) Les sages défendent au Juif, dit le Rabbin Beccaï, de prêter de l'argent aux Chrétiens, de peur que ceux-ci ne le séduisent, et ne lui fassent quitter le judaïsme; mais un Juif peut emprunter d'un Chrétien, sans craindre la séduction, parce qu'ajoute-t-il, le débiteur évite toujours la rencontre de son créancier.

(7) Oui, et très-fertile, la mauvaise foi la plus décidée n'osera plus élever des doutes sur cet article, depuis les excellentes dissertations de M. l'abbé Guenée.

(8) C'est par cette raison que le jurisconsulte Damhouderius (in locis communibus admonit. 9.) prétend que les Chrétiens peuvent faire l'usure sur les Turcs, détenteurs injustes des biens qu'ils nous ont pris. On va loin avec de tels argumens.

(9) Hugues, in psal. 14.

(10) V. le chap. I.

CHAPITRE XIII.

(1) In relation. de Alemaniâ, ad Papam Gregorium, apud Raynald. Annales eccles. ad an. 1273, n°. 18.

De banno Judæorum, secundum leges Mœno-francofurtenses, quo res amissæ vel furto ablatæ restituto pretio recuperantur.

(2) Tractatus juris germanici de Judæorum in Hassiâ, &c. Par Gatzert. Gissæ, 1771.

(3) A Metz, il est de douze pour cent.

(4) Concil. Lateran. 4. an. 1215. ch. LXIII. Concil. Bitterense, anni 1246, ch. XXXVII, &c.

(5) Concilium Albiense, an. 1254, ch. LXIII. Concil. Montispel. an. 1248, ch. V, &c.

(6) Stabilimentum apud Melend. d'Acherii spicileg. T. 6.

(7) Concilium Frising. anno 1440, ch. XXI. Vita Pauli quarti, an. 1555.

(8) Martene. Thesaurus novus anecdotorum, T. 1, p. 1222, stabilimentum Judæorum factum Parisiis, &c.

(9) Tractatus juris germa. de Judeæ in Hassiâ, &c. p. 35 et 37.

(10) Ibid.

(11) Concilinm Parisiense quint. an. 625, ch. XV. Edict. Clotari II. regis in supra synodo. Concil. T. 5.

CHAPITRE XIV.

(1) Lorsqu'en 1643 Louis XIV donna une Déclaration pour établir des Monts-de-piété, son but étoit d'anéantir l'usure.

(2) Créance signifie également et la somme due et l'acte par écrit qui donne action au créancier contre le débiteur; c'est dans cette derniere acception que j'emploie constamment ce terme.

CHAPITRE XV.

(1) V. la critique de l'ouvrage de M. Dohm. Beurtheilung ueber die bürgerliche, &c.

(2) L'homme n'épouse plus la veuve de son frere; mais suivant l'usage antique, la veuve, en présence de témoins, déchausse son beau-frere, crache devant lui, &c. en disant : *ainsi sera traité celui qui ne veut pas susciter la postérité de son frere dans Israël.* Le parlement de Bordeaux a rendu un arrêt qui ordonnoit cette cérémonie.

(3) On verra sans doute avec plaisir un abrégé de la profession de foi des Juifs, telle que Maimonides l'a dressée; elle renferme treize articles.

1. Je crois d'une foi parfaite que Dieu a créé le monde, et qu'il le gouverne.
2. Je crois qu'il est un.
3. Qu'il est immatériel.
4. Qu'il est premier et dernier. Avant lui rien n'existoit. Il survivra à tous les êtres.
5. On ne doit adorer que lui.
6. Tout ce que les prophêtes ont annoncé et enseigné est vrai.
7. La doctrine de Moyse est vraie. Il est le chef de tous les sages, dévanciers, contemporains et postérieurs.
8. Dieu a donné à Moyse la loi telle que nous l'avons.
9. Cette loi est invariable. Dieu ne lui en substituera pas une autre.
10. Il connoît le cœur, les pensées, les actions des hommes.
11. Il récompensera les bons, et punira les méchans.
12. Le Messie viendra, et j'espérerai toujours son avénement, quoiqu'il soit différé.
13. Les morts ressusciteront au tems marqué dans les décrets de Dieu, dont le nom soit béni et loué dans tous les siecles. Amen.

On voit par l'article 12, que l'arrivée future du Messie est au nombre des dogmes. Joseph Albo, Rabbin espagnol, censura Maimonides, et prétendit que cette croyance n'étoit pas nécessaire au salut. Il soutint, dit-on, cette these, pour raffermir la foi des Juifs ébranlée dans la fameuse conférence de Tortose, en 1412, où Jérôme de Sainte-Foi prouva si clairement la divinité de J. C., que quatre à cinq mille se convertirent. Je vois qu'aujourd'hui bien des Juifs se plaignent que Maimonides a trop multiplié leurs dogmes.

(4) V. dans les lettres édifiantes, une relation du pere Gozani, où il parle des Juifs de la province d'Honan.

(5) V. le discours sur la religion mahométanne, par M. Porter, à la tête de la traduction de l'Alcoran, par du Ryer.

(6) On les nomme Marannes. L'auteur des notes sur l'Orlando furioso, pag. 2, dit qu'ils ne sont ni Juifs ni Chrétiens. Fausseté: ils sont Juifs secrets. Si l'on en croit la Croze (Histoire du christianisme d'Ethiopie) et Basnage (Hist. des Juifs), l'Espagne est remplie de ces Juifs cachés; les couvents même en sont pleins. D'après les derniers renseignemens que j'ai reçus du pays, il conste que du temps même que ces auteurs écrivoient, les Marannes étoient en petit nombre, et qu'actuellement il n'en est presque plus; et quand l'auteur de l'ouvrage intitulé Londres (T. 2, pag. 280), nous dit que depuis 1720 à 1740, plus de 20,000 Juifs ont passé d'Espagne et de Portugal, en Angleterre, il faut retrancher deux zéros, peut-être trois.

(7) Observation fournie par M. Bing.

(8) Je contracte l'engagement de donner bientôt un traité, projetté depuis long-temps, sur l'éducation cléri-

cale; et, si je ne réussis pas, j'aurai du moins ouvert la route, et provoqué quelque chose de mieux.

(9) V. le supplément aux cérémonies et coutumes des Juifs de Léon de Modene. Par Simonville (Richard Simon).

CHAPITRE XVI.

(1) Boulanger. Antiquité dévoilée.

(2) Toland insiste beaucoup sur cette raison dans son traité sur la naturalisation des Juifs en Angleterre (Reasons for naturalising the Jews. London in-8°. 1715). Dans ce petit traité il donne trois motifs principaux pour les naturaliser : 1°. les épiscopaux ni les presbytériens ne doivent pas appréhender que les Juifs fortifient le parti de leurs ennemis, en se liguant avec eux ; ils détestent également les deux partis, et auroient grand intérêt à maintenir la liberté de conscience. 2°. Leur adresse et leur ardeur infatigable pour le commerce fait croire qu'ils procureroient un grand avantage aux arts et aux sciences. Le troisième motif est celui que nous alléguons dans le texte de ce chapitre.

CHAPITRE XVII.

(1) Bielfeld, Institutions politiques.

(2) Voyage de Tournefort, T. 1 et 3.

(3) Etat présent de l'empire de Maroc, pag. 83 et 105. Basnage, liv. 9, chap. XXIX.

(4) Mœurs des Israélites.

(5) Peregrinatio Rabbi Petachias.

(6) Benjamin, Itinerarium, traduit par Baratier.

(7)

(7) Hist. des découvertes faites par divers savans Voyageurs, &c.

(8) Voyage en Pologne, Russie, &c. Par Coxe.

(9) Vie du Cardinal Commendon. Par Gratiani.

(10) Beaucoup d'Historiens disent huit cent mille. Le lecteur est prié de suspendre son jugement, nous prouverons ailleurs l'exagération de ce calcul. L'expulsion des Juifs d'Espagne, sous Ferdinand II, et celle des Calvinistes de France, sous Louis XIV ; les motifs qui ont causé ces révolutions, et les effets qui en ont résulté, peuvent être l'objet d'une comparaison qui formeroit un tableau piquant.

(11) Wheler dit qu'en Turquie, ce sont les Juifs qui préparent le meilleur vin, parce que leur loi leur défend de faire aucun mélange. Voyez le voyage de Dalmatie, de Grece et du Levant. Par G. Wheler. Amst. 1689. T. 1, pag. 169 et 170.

(12) Cérémonies et coutumes des Juifs. Par Léon de Modene.

CHAPITRE XVIII.

(1) M. Duhamel de Metz, dans un savant mémoire qui n'a pas encore paru.

(2) Procop. bell Goth. Liv. 1, chap. VIII.

(3) Ce service leur valut la liberté d'ériger une synagogue à Prague.

(4) Le Commodore Chambers, et Dom Salomon, fils de Jechaï, Philosophe et Guerrier, fut élevé par le Roi de Portugal au grade de Mestre-de-Camp-Général, qui est la premiere dignité de la milice, et commanda l'armée avec succès.

Il y a en Ethiopie la Montagne des Juifs, très-peuplée d'individus de cette nation. Au seizieme siecle ils se signalerent contre les Maures par des actes de valeur.

(5) L'Empereur Ferdinand III leur accorda de grands privileges, parce qu'ils avoient beaucoup contribué à la défense de Prague, lors du siege de cette ville par les Suédois, en 1648. Leur valeur fut aussi très-utile aux Turcs, lorsque Bude fut assiégée par les Impériaux. Ce trait les rendit odieux en Allemagne et en Italie. Remarquons, avec Basnage, qu'ils étoient sujets du Sultan; conséquemment leur conduite étoit un acte de fidélité envers leur Souverain.

(6) En 418. La loi d'Honorius permet cependant aux Juifs, actuellement enrôlés dans son armée, d'y rester. Il statue que sa nouvelle ordonnance ne peut être le fondement d'aucun reproche; leur conserve l'éligibilité pour tous les emplois civils, et la faculté d'exercer la profession d'Avocat. V. le code Theodos. Liv. 34 de Judæis.

CHAPITRE XIX.

(1) Justi lipsii Politicorum, liv. 4, chap. II, note 12, édit. de Strasbourg. 1741.

(2) Decretali. Greg. IX, liv. 5, tit. 6, chap. IX.

(3) Plaindre les errans, prier pour eux, les aimer, les servir, fraterniser avec eux, afin de les conquérir à la vérité, à la vertu; voilà des textes très-catholiques pour parler avec effusion à tous les cœurs. Un prêtre s'applaudit de remplir, autant qu'il est en lui, un devoir si doux. D'après cela, devois-je m'attendre à trouver des gens qui se scandaliseroient de mon intimité avec des Protestans, des Quakers, des Juifs, &c.? On doit, suivant

l'évangile, ménager les foibles; mais doit-on des ménagemens aux méchans et aux sots? Malades qui avez la jaunisse, verrez-vous toujours jaune? Comme vous êtes à cinq ou six cents ans en arriere de vos contemporains, je vous répondrai quelque jour dans mon épitre aux gens du douzieme siecle; nous y parlerons de personnages qui valoient mieux que vous et moi; des liaisons de Bossuet avec Bullus, Claude et Burnet; d'Erasme avec les prétendus réformateurs; de St. Basile avec un médecin juif; de St. Jérôme, obligé de se justifier sur ses relations familieres avec les Hébreux, et répondant avec autant de raison que de véhémence, pour faire l'éloge de son maître Barabanus, &c. &c. &c.

CHAPITRE XX.

(1) Journal de Luxembourg. 1784, Septembre. Pag. 142.

CHAPITRE XXI.

(1) Institutions politiques. Par le Baron de Bielfeld, seconde partie.

(2) Spectateur anglois. T. 5, pág. 442 et suiv. Paris. 1756.

(3) V. à ce sujet un plaidoyer de M. Lacretelle fils. (Bruxelles 1775), en faveur de deux Juifs qui avoient levé des brevets pour le corps des Marchands de Thionville. Ce morceau, écrit avec chaleur, annonce justesse dans l'esprit et sensibilité dans le cœur.

(4) Il est toujours nouveau, ce vieux proverbe : qui trop embrasse, mal étreint. On attribue à la cupidité des Juifs insatiables, le dépérissement des manufactures de

la Pologne, de ces pays bénis par la nature, dit M. Carosi. Voyages en Pologne. Leipzic. 1784.

CHAPITRE XXII.

(1) La Peyrere a toujours eu pour ce peuple une prédilection qu'il faut plus attribuer à la bizarrerie de sa tête, qu'à la bonté de son ame. A la fin de son traité sur les Préadamites, on trouve une lettre adressée à toutes les Synagogues, par laquelle il leur annonce leur conversion prochaine au christianisme, et leur retour à Jérusalem, qu'ils rebâtiront, ainsi que le temple. Peut-être verra-t-on avec plaisir un échantillon de cette lettre. J'ai cru ne devoir pas traduire le texte latin, qui est d'une singularité piquante : « Salutem vestram vobis precatur, nescio quis, atque utinam ex vobis unus! Hoc mihi cum « vobis commune est, quod vitam duco erraticam, quæ« que parum convenit cum otio meditantis et scriben« tis; at si vivo vitam vestram, moriar vitâ vestrâ, et « moriar morte justorum, quæ vestra est. Vos autem « sospitet Deus : vivite felices in spe vestrâ, quæ forti« tudo vestra est ; durate, et vosmet rebus secundis « servate. » Dans son traité sur le rappel des Juifs, ouvrage devenu rare, la Peyrere étale les mêmes idées : Dieu suscitera un Roi temporel, aussi illustre par sa justice, que par ses victoires; et ce Roi sera celui de France. Les preuves de l'auteur sont convaincantes. 1°. Les deux qualités de très-chrétien et de fils ainé de l'église lui sont attribuées par excellence. 2°. Si les Rois de France ont la vertu de guérir les écrouelles qui affligent les Juifs en leurs corps, à plus forte raison ont-ils le pouvoir de guérir les maladies invétérées de leur ame.

3°. Les Rois de France ont pour armes de fleurs de lys, et la beauté de l'église est comparée dans l'écriture à celle des lys. 4°. La France sera probablement le lieu où les Juifs seront premièrement conviés de venir pour se faire Chrétiens, &c. &c. *Utinam!*

(2) Dissertatio juridica de cautâ Judæorum tolerantiâ. Par Boehmer Hal. Magd. 1735.

(3) Avis aux Messins, sur leur santé. Par M. du Tennetar.

(4) M. Emmery.

CHAPITRE XXIII.

(1) Vues d'un politique du seizieme siecle, tirées du recueil de Raoul Spifame. Par M. Auffray, de l'Académie de Metz.

(2) V. causes célebres, par M. des Essarts. T. 64. Paris. 1780. Cause 171.

(3) V. de la religion chrétienne, par Addisson, traduite par M. de Correvon, avec des dissertations, &c. T. 3, pag. 85 et suiv., et Scipionis Maffei epistola, in quâ tres eximiæ ac nunquam vulgatæ inscriptiones exhibentur. Veronæ 1772.

(4) C'est une chose qui excite la curiosité, l'indignation et la douleur, de voir en divers endroits tous les présens qu'au nouvel an sur-tout, les Juifs font à des hommes en place, ou à leurs subalternes, pour acheter une protection flétrissante. Ces tributs de la foiblesse à la force, sont considérés comme des redevances annuelles. Où prendront, pour y subvenir, des malheureux, déja grévés d'impôts, dont les bras sont liés, et les moyens d'acquérir si bornés? Dans son triste galetas le pauvre

Israélite étouffant les soupirs d'une ame consternée, et condamné à vivre, pourroit invoquer la mort avec plus de sincérité, que le bucheron harassé. Communément sobre, il se retranche avec résignation; communément bon pere, il retranche à ses enfans avec déchirement de cœur quelques bouchées d'une chétive nourriture, recout quelques lambeaux de plus à son vêtement délabré, économise quelques deniers de misere pour fournir à l'avidité des harpies qui pourroient manger jusqu'à sa table.

Dans une de nos villes de France un Juif est saisi exerçant un métier, on le traîne devant le juge : « J'ai, « dit-il, six enfans couchés sur l'ordure, mourans de « faim et de froid; on va pendre mon frere pour un vol « commis dans le désespoir. Je demande de partager son « supplice avant que je devienne criminel ».

Ne nous lassons pas de le répéter : c'est nous........ nous-mêmes qui forçons le Juif à devenir pervers; si quelque chose a droit de nous surprendre, c'est qu'il ne le soit pas davantage. Ce qui chez d'autres seroit vertu, chez lui est souvent héroïsme de vertu. Nos ancêtres ont subordonné la loi naturelle à leur vengeance. Quand acquitterons-nous leurs dettes et la nôtre? Est-ce en éternisant les malheurs des Juifs que nous acquerrons des droits sur les bénédictions de la postérité? Quand rendrons-nous à l'humanité ce peuple outragé par nos préjugés, considéré par la haine, comme intermédiaire entre nous et la brute, sans rang dans la société, ne voyant autour de soi que l'opprobre, et traînant par-tout des fers baignés de ses larmes?

CHAPITRE XXIV.

(1) Concil. Parisiens. 5, cha. XV.

(2) Miguel de Barrios. Hist. univers. judaic.

(3) On assure qu'en Provence et en Espagne il y a beaucoup de noblesse nouvelle, et d'origine juive. Cette extraction empêcha-t-elle les Lhopital d'être une famille très-illustrée, et Ozanam bon mathématicien ? Si l'antiquité prouvée d'une maison constituoit la noblesse, les Juifs de Rome pourroient aspirer à cette prérogative, et avoir le pas sur tout ce qu'il y a de grand en Europe. Il paroît que leurs familles sont les plus anciennes familles romaines. Leur ghetto est encore le même que du temps de Juvénal.

(4) Collet. Traité des dispenses. T. 1, liv. 2, ch. VI.

(5) A Padoue, on admet les Juifs au doctorat pour la médecine. Quelques Universités allemandes commencent à leur accorder la même faveur.

(6) Della influenza del ghetto nello stato, &c. Par M. le Comte d'Arco. Venis. 1782.

(7) Dom Maugérard.

CHAPITRE XXV.

(1) Ce benjamin de Tudele s'est aussi mêlé de fabriquer des pays. Voici des échantillons de son voyage, dans ceux qu'il a parcourus. Sous le Calife Omar, fils d'Abdalla, qui ne régna que dix ans et demi, les Musulmans prirent trente-six mille villes ou châteaux. C'est ce même Omar qui bâtit une mosquée des débris de l'arche trouvée au pied du mont Ararat. Benjamin vit à Alexandrie, l'académie d'Aristote, superbement bâtie;

car on venoit de tous les coins du monde pour entendre ce philosophe. Le chemin souterrein qu'on trouvoit à la sortie de Poussol en Italie, avoit été creusé par Romulus, qui avoit peur d'être poursuivi par David et Joab. Je crois avoir lu dans le même voyageur, que les turcs n'ont pas de nez, mais seulement deux trous au visage. Voici comment Benjamin explique l'origine des perles : elles sont formées par la pluie qui tombe le 24 mars. Les perses vont recueillir cette pluie *sur la superficie de l'eau ;* après l'avoir enfermée dans de petits vases, ils la jettent au fond de la mer où elle se repose jusqu'en septembre, alors des pêcheurs habiles vont rechercher ces vases, ils y trouvent des reptiles qu'ils dissequent, et dont ils tirent les perles. (V. Benjamin traduit par Baratier). Croiroit-on qu'un tel préjugé sur la formation des perles, étoit autrefois celui de plusieurs écrivains. On le trouve un peu moins absurde jusques dans les ouvrages d'un homme dont on ne peut trop lire et admirer les écrits. (Traité de l'amour de Dieu par S. François de Sales, édition du P. Fellon de Nancy, l. 3. ch. II, et l. 4, ch. VI.). Il raconte, d'après les naturalistes, qu'au printemps les gouttes de rosée tombent, en se dispersant sur la surface de la mer, les meres perles ouvrent leurs nacres, reçoivent ces gouttes, et les convertissent en perles.

(2) Joseph ben Gorion ou Gorionides, a écrit en hébreu une histoire de sa nation, et ce fatras a fait tomber chez les Juifs celle de Flavius Joseph, écrite en grec. Ce Rabbin du dixieme siecle, prétend avoir vécu dans le temps du siege de Jérusalem, et il parle d'Amboise et de Chinon, villes dont l'existence ne remonte gueres qu'au sixieme siecle de notre ere. A l'entendre, Alexan-

dre avoit un œil noir et l'autre bleu, et des dents très-aiguës. L'Arménie et le Chorazan, deux provinces *voisines* de la Macédoine, s'étant révoltées, Philippe envoya Alexandre pour les réduire. Mais pendant ce temps, un certain Cabronias, roi de Bretagne, vint prendre la *ville* de *Macédoine*. Alexandre étant en Asie, y trouva des arbres qui sortoient de terre au lever du soleil, et y rentroient ensuite; des coqs qui vômissoient du feu; des oiseaux qui parloient grec, et des hommes sans tête. Voyez Joseph Benjorion, traduit par Gagnier.

(3) Voyez la bibliothêque rabbinique de Bortolocci, en quatre volumes in-folio.

(4) Les Juifs ont eu cependant beaucoup d'autres grands hommes. 1°. Un Rabbin qui faisoit toujours quarante-huit réponses à chaque question, comme si une bonne n'eut pas suffi.

2°. Abba Saül, qui, ensevelissant des morts, trouva l'œil d'Absalon, dans lequel il se cacha jusqu'au nez.

3°. Le Rabbin Eliezer. Quand le firmament seroit de vélin, et que l'eau de la mer se changeroit en encre, cela ne suffiroit pas pour écrire tout ce qu'il savoit, car il avoit fait trois cents constitutions sur la seule maniere de semer des concombres. Cet Eliezer possédoit mille villes, et dans l'une de ces villes, il y avoit cent quatre-vingt mille marchés destinés à la vente d'une certaine confiture. Basnage avertit qu'il ne faut pas prendre à la lettre cette hyperbole, par laquelle ils ont seulement voulu désigner un homme très-riche.

4°. Le Rabbin Acher qui ne fut pas damné, quoiqu'il eut blasphémé contre l'ange Metatron; car s'imaginant que Dieu seul avoit droit d'être assis dans le ciel, il ne pouvoit comprendre pourquoi cet ange y avoit le tabouret, ce qui lui fit croire qu'il y avoit deux principes.

5°. Judas le saint, celui-ci étoit l'humilité même; ayant appris qu'une femme devoit lui cracher au visage par ordre de son mari, il feignit d'avoir mal à l'œil, et pria cette femme de cracher sept fois sur cette partie malade.

6°. Le Rabbin Chanania qui offrit de lever tous les doutes que causoient les prophéties d'Ezéchiel; on y consentit, et on lui donna trois cents tonneaux d'huile pour éclairer ses lucubrations savantes.

7°. Un autre Rabbin, dont je suis fâché d'avoir oublié le nom, car il étoit si fin qu'il trompa Dieu et le diable. Il pria Satan de le porter à la porte des cieux, afin qu'ayant vu la gloire des saints, il pût mourir plus paisiblement. Le diable se prêta à sa demande. Le Rabbin voyant la porte du ciel ouverte, se jeta dedans, et jura qu'il ne sortiroit pas. Dieu qui ne voulut pas lui faire commettre un parjure, l'y laissa, et le diable s'en alla tout honteux, comme vous pouvez penser, &c. &c.

(5) Principes in Europeâ, medici fuerunt. Freind, hist. Medici. p. 288. Il y a seize ou dix-sept siecles que des praticiens hébreux ont connu l'élargissement du bassin qui facilite la sortie du fœtus. (V. Pineau, opuscula physiolog. Amst. 1660, et le célebre M. Louis, dans les mémoires de l'Académie de chirurgie, T. 4 in-4°. p. 64.). La médecine moderne inscrit avec honneur dans ses fastes Zacutus, Orobio, &c. Y joindrons-nous M. Sanchez? Il étoit Juif au moins d'origine. Les Rabbins ont voulu quelquefois envahir le domaine de la médecine, et dogmatiser sur cette science. Admirez cet aphorisme de quelques docteurs: un peu de vin et une croute de pain pris à jeûn, préservent le foie de soixante

trois maladies.— Le *tableau des maladies* de Lommius, lui a conquis tous les suffrages; cependant lorsqu'il indique, comme signe de plethore sanguine, de rêver qu'on a une crête de coq, on est tenté de rire; mais le moyen de s'en empêcher quand des Rabbins tirent un augure favorable de rêver qu'on a la machoire luxée, c'est un signe qu'on n'a plus rien à redouter de ses ennemis—. Aller tous les matins à la garde-robe, peut être un usage utile. Locke, dans son traité de l'éducation des enfans, l'établit comme regle diététique; mais les Juifs en font une observance légale. Viennent ensuite leurs docteurs, qui prescrivent pour cette opération un cérémonial digne *des mémoires de l'Académie de Troyes*. Ils assurent que l'ame contracte une odeur fétide par les déjections trop long-temps retenues.

(6) V. plaidoyers par M. Lacretelle fils.

(7) Lettres ou réflexions d'un milord, &c. Londres, 1767. Comme nous aimons à citer en faveur des Juifs, rappellons qu'on doit à ceux de Soncino, beaucoup d'excellentes éditions hébraïques, qui peuvent soutenir le parallele avec celles de Bomberg—. J'ai vu un enthousiaste, nouveau Hardouin, faire honneur aux Juifs de l'établissement des postes, parce qu'Assuérus envoya des couriers dans tout l'Empire, pour arrêter l'exécution de l'Edit dont Esther avoit obtenu la révocation. Le Quien, qui, dans son traité de l'origine des postes, cite ce fait, n'outre pas du moins les conséquences pour préconiser les Juifs aux dépens de Louis XI—. Quelqu'un leur attribue aussi l'art de faire parler les muets. Il est vrai qu'un Juif s'est distingué, il y a une quinzaine d'années, dans ce genre, auquel Amman avoit préludé. Tous ont été éclipsés par M. l'abbé de l'Epée.

(8) Wagenseil, Tela ignea satanæ, T. 1. Plusieurs docteurs juifs ont fait imprimer leurs sermons; communément ils en prêchent deux chaque année dans la synagogue.

(9) Mlle. de Montpensier, (T. 6, p. 323), dit que la reine étant à Metz, elle fit danser les Juifs dans leur synagogue. Il paroît aussi contraire à la gravité d'une reine d'exiger cela, qu'aux principes religieux des Juifs de s'y prêter. Ils auront célébré par des cantiques, &c. la venue de leur souveraine à Metz, et son entrée dans leur synagogue. Le tout aura été assaisonné de ces grimaces absurdes que tout le monde connoît, que Dom Ruinart peint si énergiquement, et dont on rapporte l'origine aux Juifs polonois, et Mlle. de Montpensier appelle danse, ce charivari.

(10) Les Tephilim sont des morceaux de parchemin sur lesquels on écrit quelque passage de la loi, et à l'aide de quelques courroies, on les attache au front et au bras gauche pour prier. Ils sont si sacrés, que Dieu les porte à la tête et au bras comme les Juifs.

(11) Dans le Talmud Trat. Sotach. ch. I.

(12) Pour se laver les mains, il faut la quantité d'eau que six œufs pourroient contenir. Un autre, autant qu'il se peut, doit la verser, un enfant, un fou peuvent le faire, mais un singe le peut-il ? Ici les docteurs sont divisés de même que sur cette question, si une maison purifiée de vieux levain, ne doit pas l'être de nouveau, lorsqu'on a vu passer une souris avec une miette de pain. Un vase, sur le couvercle duquel on a enchassé un miroir, est immonde. Une bourse est immonde quand les cordons sont rompus, de même qu'un soulier dont l'oreille est décousue ou déchirée.

(13) Il faut être triste en se levant, à cause de la ruine du temple, mais il faut de la gaieté le jour du sabbat; ce jour-là Dieu envoie une ame de plus à chaque Juif pour chasser la mélancolie——. Quand on commence certaine priere le vendredi soir, les ames sortent du purgatoire pour chercher de l'eau où elles se rafraîchissent——. Les faunes sont des êtres imparfaits que Dieu, surpris par l'arrivée du sabbat, n'eut pas le loisir d'achever——. Il ne faut pas se raser peu de temps avant le commencement du sabbat, car s'il arrivoit quelqu'accident au rasoir, on laisseroit écouler le temps des prieres. On ne doit pas ce jour-là couper ses ongles, à moins que ce ne soit un ongle fendu, ni se regarder dans un miroir; car, par exemple, une femme curieuse de son ajustement verroit un cheveu déplacé, et voudroit l'arranger——. On peut torcher la boue de ses souliers à une muraille, mais non contre terre, de peur qu'il ne semble qu'on remplit une fosse——. Quelqu'un qui a les mains gâtées, peut bien les essuyer à une queue de cheval ou de vache, mais non à une serviette propre, de peur que l'obligation de la laver, ne lui fasse violer le sabbat——. Il n'est pas permis ce même jour, d'écrire sur une table mouillée, sur des cendres, mais on peut écrire en l'air——. Les anciens docteurs ont agité la question, s'il est permis le jour du sabbat, de tuer un scorpion tranquille dans son trou ou sur le chemin : *Adhuc sub judice lis est*——. Sébastien Munster raconte quelque part qu'un Juif étant tombé dans un privé, les autres ne voulurent pas l'en tirer ce jour-là, qui étoit celui du sabbat; les Chrétiens ne voulurent pas qu'on le tirât le lendemain, à cause du dimanche——. Pendant que Moyse étoit sur le Sinaï pour recevoir la

loi, si une vache se fut approchée de la montagne, elle auroit encouru la peine capitale; mais combien de juges eût-il fallu pour prononcer l'arrêt? vingt-trois ou soixante-dix? Ce problême abstrus proposé dans le Talmud, n'est pas encore décidé.

On connoît les rêveries des Juifs sur la racine Baaras, qui est de couleur de feu ; elle fait périr ceux qui la touchent. Pour l'arracher, on creuse le contour, et on attache à la plante un chien qui creve soudain——. Sur le Behemot qui mange tous les jours le foin de mille montagnes——. Sur le poisson Leviathan ; d'un trait il avale un autre poisson qui n'a que trois cents lieues de long——. Sur l'oiseau Barjuchné, qui couvre le soleil de ses aîles lorsqu'il les déploie. Un œuf couvis tombé de son nid, cassa trois cents gros cedres, et submergea soixante villes——. Sur une grenouille grosse comme un bourg de soixante maisons ; un serpent la dévora, le serpent fut mangé par un corbeau qui alla se percher sur un arbre. Jugez des grosseurs respectives du serpent, du corbeau et de l'arbre. Le fait est avéré, car le Rabbin Papa a vu l'arbre——. Sur un autre docteur, qui, voulant se baigner, entendit une voix céleste proférant ces mots : ne vous lavez pas là, c'est un gouffre si profond, qu'une hache y étant tombée depuis sept ans, n'a pas encore atteint le fond.

Que n'ont-ils pas dit de Dieu, qui danse avec Eve, qui converse avec la lune, en lui demandant pardon de l'avoir subordonnée au soleil, qui s'amusoit jadis à créer des mondes, et qui, devenu plus habile par des essais répétés, parvint à créer le nôtre——? En formant l'univer, il laissa vers le nord une ouverture qu'il ne put fermer, et il s'en consola, en disant que si quelqu'un avoit l'audace de vouloir passer pour Dieu, il l'obligeroit à boucher ce trou —. Dieu ne possede plus sur terre que quatre coudées de terre, où il s'assied pour lire le talmud —. César eut un jour le désir de voir la divinité. Rabbi Josué pria Dieu de faire sentir sa présence; l'Eternel, déférant à sa demande, se retira à quatre cents lieues de Rome : il rugit; le bruit de ce rugissement fit tomber les murs de la ville, et beaucoup de femmes avorterent. Dieu s'étant approché de cent lieues, rugit de nouveau ; alors César effrayé tomba de son trône, et tous les Romains perdirent leurs dents molaires.

Adam étoit d'une taille si énorme qu'il touchoit au firmament. Cette sottise est le germe d'une vérité, dit l'auteur de l'*Histoire des hommes*, qui envisage la chose du côté moral; mais des écrivains ont soutenu sérieusement que la stature des premiers humains étoit en rapport avec la durée de leur vie. M. Henrion, de l'Académie des inscriptions, après avoir établi la proportion des tailles masculines et féminines, en raison de vingt-cinq à vingt-quatre, donnoit à Adam cent vingt-trois pieds de haut, cent dix-huit à Eve ; il réduit Noé à cent trois, Abraham à vingt-sept, &c. &c. Cependant, suivant le témoignage d'un Rabbin, Og, Roi de Basan, avoit encore l'os de la cuisse si long, qu'un cerf pressé par les chasseurs employa la moitié d'un jour à le parcourir —. Ce même Og ayant coupé une montagne de trois lieues, la mit sur sa tête, pour la jeter sur le camp des Israélites ; mais Dieu envoya un ver qui fit un trou vertical, au moyen duquel cette masse tomba sur les épaules du Roi, pour lui servir de collier —. Avant Abraham on ne connoissoit pas la vieillesse ; il la demanda à Dieu, et l'introduisit dans le monde —. Ce patriarche allant en Egypte, enferma sa femme dans un coffre, mais elle ne put échapper à la douane où l'on visitoit exactement toutes les marchandises——. Après la création, Dieu statua que l'homme n'éternueroit qu'une fois, et mourroit sans maladie précédente. Jacob obtint d'être excepté de cette loi; il éternua, et ne mourut pas : ce signe de mort fut changé en signe de vie; tous les Princes en furent instruits, et ordonnerent qu'à l'avenir l'éternuement seroit accompagné d'actions de graces——. Moyse, pour avoir tué un Egyptien, fut condamné à mort; mais son cou devint si dur, que le cimeterre ébréché et repoussé tua le bourreau——. Le diable s'avise un jour d'aller abattre des pommes dans le jardin de David. Le Roi, entendant du bruit, descend vîte par une échelle, pour saisir le voleur; mais Satan (race méchante de pere en fils) tire l'échelle, et David tombe——. Elie étoit désolé de ce que le peuple avoit abandonné la circoncision; pour le consoler, Dieu lui promit que ce malheur n'arriveroit plus. Voilà pourquoi, lorsqu'on fait cette cérémonie, on place un fauteuil destiné au Prophête; il y assiste, pour voir si on ne le trompe pas, à moins qu'il ne prévoye que l'enfant se fera chrétien——. Quand quelqu'un pleure la nuit, les étoiles mêlent leurs larmes aux siennes——. Les coqs chantent le matin, parce qu'ils entendent ouvrir les portes du ciel——. Un Rabbin, fâché contre son coq, le tua, l'écorcha, lui brisa les os, et le mit dans une marmite, où il recommença de chanter——. Malgré mon respect pour ces Docteurs, j'ai peine à croire toutes ces belles choses. J'aurois pu enfler prodigieusement cette note de beaucoup de balivernes, qui sont autant de soufflets à la raison, souvent même d'outrages à la majesté des mœurs. Par forme d'ampliation, voy. la Misna,

traduction

traduction de Surenhusius, Buxtorf, Basnage, Bartolocci, Jacquelot, Bullet, *Passim*, et le savant ouvrage que M. de Pastoret vient de publier : *Moyse considéré comme le législateur et moraliste.*

Un des écrits les plus vantés chez les Juifs, ce sont les *Pirke Abbot* ou *Sentences des Rabbins.* On y trouve quelques réflexions exquises, par exemple : « en offrant « à Dieu ce que vous avez, vous lui rendez son bien. — « Celui qui fait une bonne œuvre, acquiert un protec« teur. — Préparez-vous à mourir un jour avant la der« niere heure. — Il vaut mieux être la queue du lion, « que la tête du renard, le dernier entre les bons que le « premier entre les méchans, &c. » Mais, à cela près, quel monstrueux mêlange de maximes triviales et d'assertions sottes, sur-tout dans le cinquieme chapitre! Dieu a créé le monde en dix paroles. Aussi punira-t-il les impies plus rigoureusement que s'il ne l'eut créé qu'en une. — Dix prodiges firent éclater sa puissance dans la captivité d'Egypte. 1°. Aucune femme n'avorta par l'odeur des sacrifices. 2°. On ne vit aucune mouche dans les lieux où l'on égorgeoit les victimes, &c. &c. — Dieu a créé dix choses la veille du sabbat. L'ouverture qui engloutit Coré, Datan et Abiron; le puits qui suivoit les Israélites dans le désert; la bouche de l'âne de Balaam, l'arche de Noé, la sépulture de Moyse, &c.

Lecteur, vous serez dédommagé par le morceau qui suit : c'est le cinquieme chapitre de l'*Appréciation du monde,* ouvrage du Rabbin Bedarchi. Le traducteur est M. Bing.

« Source de corruption! monde trompeur! que puis-je espérer de ta main, qu'un vain éclat, que des dons futiles? Peux-tu dispenser un bien durable et réel, toi qui es la source de la frivolité? Assez, et trop long-temps, j'ai médité sur ton origine; te croyant effectivement capable de rendre heureux: mais j'ai trouvé ta constitution bizarre et foible; j'ai vu la ruine dans tes parties, et ta triste fin dans ta propre formation. Convaincu de ton néant, j'ai publié ta honte. Irai-je donc te présenter encore mes hommages? Ta perfide beauté m'enchantera-t-elle? Pourrois-tu plaire à mes yeux, tandis que mon cœur apprit à te mépriser? Qui tentera de tirer un suc salutaire d'un fruit empoisonné? Qui cherchera du miel dans le cadavre du tigre?

« Tu couronnes le vice et repousses la vertu; tu rassembles autour de toi une vile et indigne populace; au méchant éloigné, tu fais signe d'approcher, et tu te détournes de l'homme de bien, qui est à ton côté.

« C'est par-là que tu montres sur-tout ta perfidie, en tendant des pieges à tes propres adorateurs; c'est par-là que tu te fais abhorrer, en renversant les Rois de leur trône, pour y placer le dernier des esclaves. Insensé! tu voues la maison du juste à la dévastation; ta fureur exhale une flamme dévorante sur le cedre majestueux du Liban, tandis qu'elle respecte le hallier le plus abject; tu effaces les forfaits, tu masques l'extérieur des objets les plus hideux, pour voiler les marques de leur infamie.

« Et à qui penses-tu être utile, insigne trompeur? Est-ce à ceux que tu caresses pour leur sucer le sang? à ceux que tu amollis pour les faire tomber sous tes coups? Paré comme l'aurore tu brilles un moment à leurs yeux; mais à peine as-tu frappé leurs regards, que déja tu n'es plus.

« Ton éclat brille un instant sur la tête de tes favoris, et puis il se change en ténebres. Tantôt la fortune paroît enchaînée à leur char triomphant, et tantôt ils sont réduits à se couvrir des haillons qu'un palefrenier vient de quitter; aujourd'hui leur front radieux paroît être l'asyle de la sérénité, et demain ta colere les poursuit, les atteint, la misere et la mort se les disputent.

« Je te compare, et je crois te faire honneur, à une courtisane capricieuse qui endort ses esclaves dans ses bras, leur prodigue ses faveurs; puis le caprice arrive, la haine éclate, elle ne connoît plus ni frere ni amant.

« Le temps est variable, ses ouvrages le sont encore plus, ils tiennent à un cheveu de tête; le moindre souffle les agite en tous sens; chaque moment amene des vicissitudes. J'ai considéré sa magnificence, je n'ai vu que folie; je l'ai considéré lui-même, et j'ai vu des serpens cachés sous ses pieds.

« O sort! tu me fais porter ton joug; mais tu ne saurois me tromper; plus tu me caresserois, plus j'avertirois mon cœur d'éviter tes surprises. Semblable à l'agneau timide, ici bas je souffre, et je me tais; le souvenir du passé m'attriste; le présent m'inquiete, et je tremble sur l'avenir. Je me traîne pésamment où ton impérieuse loi me conduit; je lui obéis à regret jusqu'à ce que mes forces soient épuisées, que mon sang soit desséché; et puis — j'échappe à ta domination.

(14) Système physique et moral de la femme, par M. Roussel.

(15) Les femmes chez les Juifs ne peuvent pas être Maîtresses d'école, parce qu'elles ne méritent pas le respect qu'on a pour ses Instituteurs. Il faut souvent aller voir son Maître, ne sortir de chez lui qu'à reculons, lui

tirer ses bas, déchirer ses habits quand il est mort, on auroit honte de rendre ces devoirs à une femme. — Laver le visage, les mains et les pieds de son mari, lui verser à boire, &c., sont des obligations dont une épouse doit s'acquitter en personne. — Il est certaines observances auxquelles les femmes ne sont pas astreintes, ou le sont moins rigoureusement que les hommes; mais ce mince avantage est pésamment contrebalancé par l'abjection, la dépendance et des rites indécens et absurdes, auxquels on les soumet impérieusement. Les Rabbins sont allés souvent au-delà du but, en forçant le sens de l'écriture, en outrant l'observation des cérémonies. Ce n'étoit point assez d'obliger les femmes à faire usage du bain, &c. &c. Un anneau qu'on n'a point ôté, et qui aura empêché le contact de l'eau, suffit pour invalider la cérémonie, qu'il faut alors réitérer. La loi mosaïque avoit très-sagement restreint la cohabitation matrimoniale; falloit-il que des préceptes rabbiniques, attentassent à la pudeur, en ordonnant aux femmes de s'inspecter journellement, pour constater si elles n'ont pas de souillures légales, et en cas de doute, envoyer le *Kezeme* ou linge taché au Rabbin qui décide. Cet usage est déja fort antique: Saint Jérôme dit quelque part que, quand les Docteurs ne pouvoient décider à l'œil, ils recouroient à un autre sens; cette fonction est sans doute bien respectable, puisque David s'en occupoit, dit le Talmud. — Une Princesse voulut mettre à l'épreuve le savoir d'un Rabbin réputé très-expert dans ce genre, et lui envoya 70 *Kezemes*, teints d'autant d'especes de sang. A l'odorat, le Docteur les discerna tous; mais ne voulant pas par bienséance dire ce que nous allons écrire, que l'un étoit imbibé de sang de pou, il lui envoya un peigne d'or, expression emblématique qui attesta sa capacité, et la Princesse d'admirer un talent si rare, si utile à l'humanité.—

Nous finirons cette note par un conte de Rabbin. Dieu voulant créer la femme, fit inutilement ce qu'il put pour la rendre bonne. Il ne voulut point la tirer de la tête de l'homme, dans la crainte qu'elle ne fût coquette; ni des yeux, de peur qu'elle ne jouât de la prunelle; ni de la bouche ou des oreilles, de peur qu'elle ne fût écouteuse et bavarde; ni du cœur, de peur qu'elle ne fût jalouse; ni des pieds ou des mains de peur qu'elle ne fût coureuse ou larronnesse: il la tira d'une côte; et, malgré tant de précautions, elle a eu tous les vices qu'on vouloit éviter. Cette description paroîtra peut-être si juste, dit Basnage, qu'on ne voudra pas la mettre au rang des visions: on croira que les Docteurs ont voulu renfermer une vérité connue sous des termes figurés.

(16) Cardoso las excellentias, &c. El marido que honra à su muger, honra à si propria, que ès hechura de su carne y su costilla.

(17) B.

(18) Le Cosri est un traité polémique sur la religion, spécialement sur la juive, par le Rabbin Juda Lewy, qui florissoit vers le milieu du douzieme siecle. On lui doit une élégie touchante dans laquelle il déplore la ruine de Jérusalem. Le lecteur saura gré à M. Bing de l'avoir traduite, et à nous, de l'insérer ici, en y joignant quelques notes. Ce morceau lyrique plaira spécialement à ceux qui aiment la pompe du style oriental, qui connoissent la valeur du mot patrie chez les anciens, et

l'enthousiasme des Juifs pour cette cité chérie qui étoit le centre de leur gouvernement religieux et politique.

« Sion, as-tu oublié tes malheureux enfans qui languissent dans l'esclavage? As-tu effacé de ton souvenir les restes de ces troupeaux innocens qui jadis bondissoient dans tes paisibles prairies? Es-tu insensible aux vœux qu'ils t'adressent de tous les lieux où l'impitoyable ravisseur les a dispersés?

« Méprises-tu ceux d'un esclave qui ose espérer dans ses fers, dont l'abondance des larmes égale celle de la rosée qui fertilise le mont Hermon? heureux encore s'il pouvoit les répandre sur tes collines abandonnées.

« Mais son espoir n'est pas encore anéanti; à présent que je gémis sur ton sort, mes accens plaintifs ressemblent aux cris des oiseaux funebres. Une lueur d'espérance viendra-t-elle toucher mon imagination? Mon ame sera l'instrument d'allégresse qui retentira de cantiques, d'actions de graces.

» Béthel, (ah! ce souvenir me déchire le cœur), ton sanctuaire où la Majesté divine éclatoit à tous les yeux, où les portes azurées du ciel ne se fermoient jamais.

« Où, un rayon de la gloire du Très-haut éclipsoit l'astre du jour, et les globes lumineux de la nuit.

« Que ne puis-je exhaler en soupirs, ce cœur opressé! là, où ton esprit, grand Dieu! se répandit sur les élus de ton peuple.

« Indignes mortels, ce lieu est saint, il est consacré au dominateur éternel du ciel et de la terre; de vils et téméraires esclaves ont osé te souiller (*a*).

(*a*) C'est à Béthel que Jacob vit l'échelle mystérieuse; c'est-là qu'il s'écria : Que ce lieu est terrible! c'est ici la maison de Dieu, et la porte du ciel. Genes. ch. 28.

« Que ne puis-je d'une aîle rapide, fendre les vastes champs de l'air ! je promenerois mon cœur froissé de douleur entre les tás confus de tes ruines.

« Là mes genoux tremblans se déroberoient sous moi ; mon front reposeroit sur ton sol; j'embrasserois fortement tes pierres, et mes lévres se colleroient sur tes cendres.

« Serois-je moins sensiblement ému sur les tombeaux de mes ancêtres? et quand mes regards s'élanceroient avec avidité sur Hébron qui renferme le plus respectable des monumens (*a*)?

« Là, dans ton atmosphere, je respirerois un air aussi pur que l'éther; ta poussiere me seroit plus chere que le parfum; tes torrens plus agréables que des ruisseaux de miel.

« Défiguré et sans parure, je parcourerois ces lieux déserts où s'élevoient jadis de magnifiques palais.

« Je visiterois ceux où la terre s'entrouvrit pour recevoir l'arche d'alliance (*b*) et tes chérubins, afin que des impies n'y portassent pas une main sacrilege encore teinte du sang de tes enfans.

« Là j'arracherois les boucles éparses de ma chevelure; et les imprécations qui m'échapperoient contre le jour qui éclaira ta destruction, pour mon désespoir, seroient une *sauvage* consolation.

(*a*) Les tombeaux d'Abraham, de Sara et d'Isaac, dans la caverne de Macphela près d'Hébron.

(*b*) Presque tous les critiques Chrétiens et Juifs conviennent que l'arche manquoit au second temple. Jérémie, prévoyant les malheurs du pays, la cacha (Maccb. l. 2, ch. 2.) dans une caverne du mont Nébo, &c. Une tradition rabbinique ajoute que le rocher s'entr'ouvrit pour la recevoir, et qu'elle ne parut plus.

« Quelle autre, hélas ! puis-je goûter, tandis que je vois des chiens affamés se disputer les membres encore palpitans de tes héros !

« J'abhorre le jour, sa clarté m'est odieuse; elle me découvre des corbeaux faisant un festin des cadavres de tes princes.

» Calice d'amertume, coupe funeste! déja je régorge de ta liqueur affreuse.— Ah! laissez-moi respirer encore une fois, je veux me repaître de ce cruel spectacle.

« Encore une fois, je veux penser à toi, Oolla, à toi Oliba (*a*)—, et puis je t'avale jusqu'à la lie.

« Sors de ta léthargie, reine des cités! réveille-toi, Sion, vois l'amitié inviolable et tendre de tes fideles adorateurs!

« Ils gémissent de tes malheurs, ils saignent encore de tes plaies ; l'espérance de te revoir heureuse, est le seul lien qui les attache à la vie ; du fond de leurs cachots, leurs cœurs s'échappent vers toi ; quand ils fléchissent le genou devant l'Eternel, leurs têtes s'inclinent vers tes portes.

« O contrée céleste! La superbe Babylone avec sa grandeur peut-elle s'égaler à toi? Ses oracles imposteurs peuvent-ils être comparés à tes divins prophêtes ?

« La pompe des idôles n'est qu'une vaine fumée, leur puissance est fragile comme elles; la tienne, O! Sion, durera toujours.

« Car le Dieu de l'univers se plait à être adoré dans tes murs ; heureux celui qui sera compté parmi tes citoyens.

(*a*) Ce sont les noms de ces deux fameuses sœurs dont le prophête Ezéchiel (chapitre vingt-troisieme) se sert pour désigner Samarie et Jérusalem.

« Heureux celui qui le desire sincérement; quand, semblable à l'aurore, tu te releveras pour disperser les ténebres qui t'enveloppent, ta douce clarté viendra jusqu'à lui.

« Il te verra renaître plus radieuse et plus belle; il participera aux délices réservées à tes élus ».

CHAPITRE XXVI.

(1) Lettres sur différens sujets, écrites pendant le cours d'un voyage, par M. Jean Bernoulli. Berlin, 1777.

OBSERVATIONS

Sur l'Etablissement et la Population des Juifs, à Metz.

L'établissement des Juifs en cette Ville, remonte au moins à l'an 888, puisqu'à cette époque le Primicier Gombert forma des plaintes contr'eux. Sigebert de Gemblours y enseignoit au douzieme siecle avec un tel succès que les Juifs même courroient entendre ses leçons. En 1565 et 1566, on les avoit expulsés; l'année suivante, quatre familles y obtinrent droit d'*indigenat* par le crédit du Maréchal de Vieilleville, Gouverneur de la Cité. Dans le tableau suivant, tiré en partie des affiches de la Province, on pourra suivre leur accroissement progressif.

En 1567, ... 4 ménages.
Sur la fin du regne de Henri III, ... 8 ménages.
En 1603, ... 24 ménages formant 120 individus.

En 1614, ... 58 ménages.

En 1624, ... 76

En 1657, ... 96

En 1684, Metz contenoit 20710 habitans, dont 4381 Protestans et 795 Juifs.

En 1715, 300 et tant de familles.

En 1718, ... 480 ménages, et alors leur droit d'habitation fut restreint à ce nombre qui a diminué.

En 1788, ... 410 ou 420 ménages, y compris les étrangers, formant 1865 individus, suivant un dénombrement du 26 Février 1788.

Les Juifs de Metz payent annuellement à la famille

	liv.	f.	d.
de Brancas, ...	20000		
De capitation, ...	9688	1	
Pour l'industrie, ...	7706	7	6
Pour le vingtieme de leurs maisons. Ils en occupent environ 170. .	3455		
A l'hôpital, ...	50		
Pour la pension du Vicaire de Ste. Ségolene, ...	200		
Pour le logement des gens de guerre, ...	500		
TOTAL.	41599	8	6

Ils perçoivent environ 8000 liv. sur 1500 Juifs répandus dans la généralité, pour la pension due aux Brancas; mais si l'on considere que les présens de la nouvelle année, &c. peuvent s'élever à 8000 liv., la somme totale de l'imposition reste entiere. Viennent ensuite les dépenses intérieures de la Communauté et de la Synagogue, les rentes considérables à payer pour des capitaux à fonds perdu, &c. &c. &c. On ne demande pas si le Juif doit vivre, se nourir, se vêtir avec sa nombreuse famille; le fardeau des charges pese sur sa misere, et la crainte étouffe sa douleur.

Les Juifs de Metz ont depuis environ soixante-dix ans des registres de naissances, sépultures et mariages; je me réjouissois d'en faire le dépouillé total, de dresser des tables de mortalité et d'obtenir des points de comparaison avec les tables faites par M. Wargentin, en Suede, M. Marcorelle à Toulouse, le P. Cotte à Montmorenci, &c. J'aurois même voulu supputer le nombre des jumeaux et trijumeaux, des morts violentes et subites, et calculer la durée de la vie, en faisant des rélevés par dixaines d'années. Je suis bien aise de dire en passant que les Syndics de la Communauté juive se sont obligeamment prêtés à ma curiosité.

Mais les registres sont très-informes, il y a des lacunes, rarement ils énoncent l'âge des décédés; en sorte qu'on ne peut distinguer souvent les impuberes des adultes; et si l'on vouloit fonder une généalogie sur ces registres, il seroit impossible de suivre les degrés de filiation. Des actes de cette importance méritent que l'autorité civile s'en occupe; il est très-intéressant, pour les Juifs sur-tout, qu'on leur donne un protocole et des formules de rédaction analogues à celles que nous suivons, et qu'en outre on les astreigne à dresser des actes de divorce.

Ne voulant présenter au public que des certitudes, je me suis borné à faire une ventilation des naissances et des morts masculines et féminines, dont j'offre ici un relevé pour un laps de trente-deux ans, et des mariages pour vingt-quatre ans. Ces années ne sont pas consécutives, mais elles courent depuis 1740 jusqu'à ce jour. Je ne donne pas ma table des colonnes correspondantes aux années, mais seulement unè table avec trois colonnes qui correspondent aux mois.

Mois.	Naissanc.	Sépultur.	Mariages
Janvier......	249	189	36
Février	191	169	50
Mars.........	225	193	47
Avril.........	181	204	2
Mai	217	213	18
Juin..........	219	196	31
Juillet........	197	182	17
Août.........	218	200	41
Septembre ..	218	234	20
Octobre	242	243	28
Novembre ..	214	176	54
Décembre ..	213	178	38
Total....	2584	2377	382

En calculant la durée des grossesses, on a voulu déterminer les temps les plus propres à la fécondité; mais jusqu'ici peu de données sont acquises. En Suede le mois le plus abondant en naissances est Septembre, le moins abondant est Juin.

A Paris et à Montmorenci le plus fécond en naissances est Mars, le moins est Juin.

A Toulouse les plus féconds sont Janvier, Octobre et Novembre, les moins sont Juin et Juillet.

On voit un point de rapprochement avec Toulouse dans notre table; les plus féconds sont Janvier et Octobre, les moins sont Février et Avril. La différence du plus fécond au plus stérile est de 68.

Le total des naissances, ... 2584 comprend :

1348 garçons.
1236 filles.

Partant 112 garçons de plus que de filles, ou un vingt-troisieme. Ceci s'éloigne de l'observation de M. d'Expilly, suivant lequel l'excédent en naissances masculines est d'un treizieme, d'autres disent d'un seizieme ; mais la constitution et le régime du peuple juif peuvent entraîner des différences.

2584 naissances en trente-deux ans donnent, année commune, près de 81 ; et la Communauté juive de Metz, étant composée de 1865 individus, dénombrement du 23 Février 1788, il y aura une naissance par chaque vingt-trois personnes : communément on en compte une par vingt-cinq.

Le total des morts est de 2377 individus, dont

1219 hommes et garçons.
1158 femmes et filles.

Partant, 61 hommes et garçons de plus que de femmes et de filles ; partant 207 naissances de plus que de morts : mais l'excédent des naissances paroîtra bien plus considérable, si l'on fait attention que souvent des Juifs étrangers et voyageurs sont venus mourir à l'hôpital de la Communauté, et que plus souvent encore des Juifs de la généralité, et même de Lorraine, qui nagueres n'avoient pas encore de cimetiere, ont été inhumés dans celui de Metz.

2377 morts en 32 ans, font année commune 73

morts (Nous négligeons les fractions.), et sur 1865 individus, un par 25 et demi ; mais il faut encore appliquer ici la réflexion qu'on vient de faire sur les Juifs étrangers enterrés à Metz. A Montmorenci, le mois le plus *mortifere* est Mars, le moins est Juin. A Toulouse, les plus . . . . sont Août, Septembre et Octobre; les moins, Février, Mars et Avril. On trouve encore un nouveau point de rapprochement avec Toulouse dans notre table, où les plus mortiferes sont Septembre et Octobre; les moins Février et Novembre.

La différence du plus au moins est de 74.

En 24 ans 382 mariages donnent environ 16 par an, et sur 1865 individus un par 116.

Les mois les plus abondans en mariages sont Février et Novembre, les moins abondans sont Avril, Mai et Juillet. La différence du plus au moins est de 52. En Avril et Mai, c'est-à-dire dans l'intervalle de Pâques à Pentecôte, les nôces sont prohibées, un ou deux jours exceptés.

Nota. Depuis quatre à cinq ans, de jeunes Juifs Berlinois impriment en hébreu un journal qui circule parmi leur nation et même chez les autres; ils ont adressé une lettre touchante à leurs freres enrôlés dans l'armée impériale. Aux yeux de la Synagogue ces littérateurs sont coupables d'un crime atroce; car quel attentat de révoquer en doute l'infaillibilité des Rabbins, de prétendre que les études physiques, mathématiques, &c. peuvent être pour le moins aussi utiles que certaines discussions fastidieuses et absurdes du Talmud! Déja ils peuvent s'honorer de la haine des sots et des clameurs de l'envie; mais si la Synagogue les maudit, la raison les absout. Ils aideront à la régénération de leur peuple; c'est peut-être l'aurore d'un beau jour.

PRIVILEGE GÉNÉRAL.

LOUIS, par la grace de Dieu, ROI DE FRANCE ET DE NAVARRE : A nos amés et féaux Conseillers, les Gens tenant nos Cours de Parlement, Maîtres des Requêtes ordinaires de notre Hôtel, Grand Conseil, Prévôt de Paris, Baillis, Sénéchaux, leurs Lieutenans Civils et autres nos Justiciers qu'il appartiendra, SALUT. Ayant jugé à propos de mettre sous notre protection la Société des Sciences et Arts de Metz, et encourager les Travaux Littéraires des Membres qui la composent: Nous avons cru devoir lui accorder nos Lettres de Privilege de faire imprimer tous les Ouvrages que ladite Société des Sciences et des Arts de Metz voudra faire imprimer en son nom ; A CES CAUSES, Nous avons permis à ladite Société, et nous lui permettons, par ces présentes, de faire imprimer par tel Imprimeur qu'elle voudra choisir, et autant de fois que bon lui semblera, de faire vendre et débiter par-tout notre Royaume, pendant le temps de douze années consécutives, à compter du jour de la date des Présentes, généralement tout ce que ladite Société voudra faire paroître en son nom, après avoir fait examiner lesdits Ouvrages, et les avoir jugés dignes de l'impression. Faisons défenses à tous Imprimeurs, Libraires, et autres personnes, de quelque qualité et condition qu'elles soient, d'en introduire d'impression étrangere dans aucun lieu de notre obéissance : comme aussi d'imprimer ou faire imprimer, vendre, débiter, ni contrefaire lesdits Ouvrages, ni d'en faire aucun extraits, sous quelque prétexte que ce puisse être, sans permission expresse et par écrit de ladite Société, ou de ceux qui auront droit d'elle, à peine de confiscation des exemplaires contrefaits, de trois mille livres d'amende contre chacun des contrevenans, dont un tiers à Nous, un tiers à l'Hôtel-Dieu de Paris, et l'autre tiers à ladite Société, ou à celui qui aura droit d'elle, et de tous dépens, dommages et intérêts: à la charge que ces Présentes seront enrégistrées tout au long, sur le Registre de la Communauté des Imprimeurs et Libraires de Paris, dans trois mois de la date d'icelles; que l'impression desdits Ouvrages sera faite dans notre Royaume, et non ailleurs, en beau papier et beau caractere, conformément aux réglemens de la

Librairie, et notamment à celui du 10 Avril 1725, à peine de déchéance du présent Privilege; qu'avant de l'exposer en vente, le manuscrit, qui aura servi à l'impression desdits Ouvrages sera remis dans le même état où l'Approbation y aura été donnée, ès mains de notre très-cher et féal Chevalier, Garde des Sceaux de France, le Sieur Hue de Miromenil; qu'il en sera ensuite remis deux exemplaires dans notre Bibliotheque publique, un dans notre Château du Louvre, un dans celle de notre très-cher et féal Chevalier, Chancelier de France, le Sieur de Maupeou, et un dans celle dudit Sieur de Miromenil; le tout à peine de nullité des Présentes: du contenu desquelles VOUS MANDONS et enjoignons de faire jouir ladite Société et ses ayans cause, pleinement et paisiblement, sans souffrir qu'il leur soit fait aucun trouble ou empêchement. Voulons que la copie des Présentes, qui sera imprimée tout au long, au commencement ou à la fin desdits Ouvrages, soit tenue pour duement signifiée, et qu'aux copies collationnées par l'un de nos amés et féaux Conseillers Secrétaires, foi soit ajoutée comme à l'original. Commandons au premier notre Huissier ou Sergent sur ce requis, de faire, pour l'exécution d'icelles, tous actes requis et nécessaires, sans demander autre permission, et ce nonobstant clameur de Haro, Chartre Normande et Lettres à ce contraires. CAR TEL EST NOTRE PLAISIR. DONNÉ à Paris, le quatorzieme jour d'Août l'an de grace mil sept cent soixante-seize, et de notre regne le troisieme. Par le Roi, en son Conseil.

Signé, LE BEGUE.

Registré sur le Registre XX de la Chambre Royale et Syndicale des Libraires et Imprimeurs de Paris, N°. 740, fol. 223, conformément au Réglement de 1723, qui fait défense, article IV, à toutes personnes, de quelque qualité et condition elles soient, autres que les Libraires et Imprimeurs, de vendre, débiter, faire afficher aucuns livres pour les vendre en leurs noms, soit qu'ils s'en disent les Auteurs ou autrement, et à la charge de fournir à la susdite Chambre huit exemplaires prescrits par l'Article CVIII du même Réglement. A Paris, le dix-sept Septembre mil sept cent soixante-seize.

Signé, LAMBERT, *Adjoint.*

Collationné par nous Secrétaire perpétuel, Chancelier Garde des Sceaux de la Société Royale des Sciences et des Arts de Metz, pour être délivré à M. GRÉGOIRE, Curé d'Embermenil, et servir à l'impression de son Mémoire qui a partagé le prix de la question relative aux Juifs. En foi de quoi nous avons signé et scellé les présentes. A Metz, ce 20 Janvier 1789. *Signé*, LE PAYEN.

www.ingramcontent.com/pod-product-compliance
Ingram Content Group UK Ltd.
Pitfield, Milton Keynes, MK11 3LW, UK
UKHW021129260726
13994UKWH00001B/66